도종환의 **삶** 이야기

도종환 에세이

도종환의 삶 이야기

버려야 할 것과
버리지 말아야 할 것

사계절

■ 개정판에 부처

10여 년 전에 출간한 산문집 『그때 그 도마뱀은 무슨 표정을 지었을까』 개정판을 냅니다. 제목도 고치고 판형도 바꾸었습니다. 새로 글을 써서 책을 내는 것이 아니라 옛날에 냈던 책을 제목을 바꾸어 다시 내는 것이 독자를 속이는 짓은 아닐까 하는 걱정이 들어 많이 망설였습니다.

그러나 이 책이 시간 속에 묻혀 버리지 않고 독자들이 다시 읽을 수 있게 했으면 좋겠다는 출판사의 곡진한 청을 받아들이며, 질책받을 일이 있으면 제가 받고, 독자들이 읽고 삶에 대해 차분히 사유할 수 있는 시간을 얻게 된다면 그 고마움은 출판사에서 받았으면 좋겠습니다.

이 책을 통해 제가 하고 싶은 이야기는 '살면서 우리가 버려야 할 것은 무엇이며, 버리지 말아야 할 것은 무엇일까?' 하는 것입니다. 대답은 직접 찾아보시길 바랍니다. 아마 그것은 같은 것일지 모릅니다. 그게 다 내 안에 있는 것이며 내가 움켜쥐고 있는 것인지 모릅니다. 우리는 그걸 끌어안고 평생 갈등하고 싸우고 기뻐하고 속상해합니다. 그러나 그런 과정을 거치면서 조금씩 생각이 깊어지고 행동이 진중한 사람이 되어 갑니다.

이 책이 그렇게 깊어지는 독자 여러분의 생에 작은 도움이 될 수 있으면 고맙겠습니다.

2011년 6월

도종환

■ 작가의 말

쌓인 눈이 다 녹지도 않았는데 아침부터 다시 싸락눈이 내리고 있다. 그쳤던 바람도 다시 불어온다. 향기로운 꽃과 싱싱한 잎을 다 잃어버린 나무들이 바람에 흔들리며 서 있다.

빛나던 시절을 기억하는 것만으로 몸은 따뜻해지지 않는다. 이제는 빈 가지만으로도 아름다워야 할 때이다.

그동안 우리가 쌓아 온 것, 이룩해 놓은 것, 가지 끝에 열렸던 꽃과 열매, 풍성하던 말들과 북적이던 사람들이 다 사라지고 없는 지금, 나는 "아침 햇빛에 아름다운 것들 저녁 햇살로 그늘지리"라던 말을 생각한다. 비를 맞으며 핀 꽃이 비를 맞아 지는 삶의 이치를 생각한다.

지금 우리가 맞닥뜨린 이 바람, 이 추위, 이 시련을 앞에 두고 모두들 당혹스럽다거나 허무하다거나 말하지만, 그 말들도 가라 않고 혼자 된 뒤에는 지금까지 살아온 삶을 조용히 되돌아볼 필요가 있다.

조금 더 고요해지고 깊어져야지만 새 잎은 반드시 잎 진 자리에서 피어난다는 것도 알게 되고, 한겨울에도 살아 움직이는 가지는 가장 부드럽고 가장 여린 가지라는 것도 발견하게 되리라. 꽃도 잃고 열매도 다 빼앗긴 나무를 보고 사람들은 실패했다고 말하지 않는다. 지금이 다만 겨울이기 때문이라고 생각한다. 그 나무들이 결국은 다시 숲을 이루고 산맥을 만들 것임을 알게 된다.

지금까지는 앞만 보고 달려왔지만, 이제는 살아온 삶을 돌아보고 자신의 모습도 살펴보고, 그리고 다시 차근차근 나아가야 하리라. 그래야 다시 어떻게 나아가야 하며, 무엇을 버리고 무엇을 소중하게 여겨야 하는지, 왜 사랑이 그토록 소중한지를 알게 되리라.

나의 이 보잘것없는 짧은 글들이 그렇게 생각하고 돌아보는 기회를 갖는 데 자그마한 보탬이라도 되었으면 좋겠다.

1998년, 아직 다 가지 않은 겨울에
도종환

차 례

개정판에 부쳐　　4

작가의 말　　6

CHAPTER 1 꽃은 소리 없이 핀다

강물과 바다　　15

들은 꽃을 자라게 할 뿐 소유하려 하지 않는다　　19

목수가 만든 악기　　22

가까이하면서도 물들지 않는 사람　　28

물은 자기가 나아갈 길을 찾아 멈추는 일이 없다　　33

꽃은 소리 없이 핀다　　37

큰 말은 담담하고 작은 말은 수다스럽다　　41

무심한 동심　　44

지혜를 주는 나무　　48

먼지 속에 살아도 먼지를 떠나 산다　　53

비어 있음의 그 충만	57
붉은 나무에서 생겨 나무를 불사른다	61
바람으로 온 것들은 바람으로 돌아가리	64
새를 보며	69
모두들 어디로 돌아갔을까	72
자기 이미지는 자기를 가두는 감옥이다	75

CHAPTER 2 벼랑 끝에서도 희망은 있다

그때 그 도마뱀은 무슨 표정을 지었을까	81
눈물 흘려 본 사람은 남의 눈물을 닦아 줄 줄 안다	85
벼랑 끝에서도 희망은 있다	88
코스모스꽃 피면 누나 생각 납니다	94
어느 젊은 미결수에 대한 추억	100
나는 여인을 등에서 내려놓았는데 그대는 아직도 업고 있구려	104
생각해 보면 우리 주위엔 기뻐할 일들이 많다	109
셋이서 우동 한 그릇만 주문해도 괜찮을까요	113
우체국에 가면 잃어버린 사랑을 찾을 수 있을까	119
당신은 사람을 모으는 사람인가, 사람이 모이는 사람인가	124

연필로 쓰기 129

아름다운 생애 133

근본과 원칙 139

CHAPTER 3 사랑하면 보인다

내 마음의 군불 147

하나인 듯 둘이고 둘인 듯 하나인 삶 151

사랑한다는 이 한마디 157
내 이 세상 떠난 뒤에 남으리

당신은 시를 진정으로 사랑하는가 161

사랑받는 세포일수록 건강하다 164

너는 누구에게 한 번이라도 뜨거운 사람이었느냐 167

가을에는 기도하게 하소서 고독하게 하소서 171

봄으로부터의 편지 175

사랑하면 보인다 179

결실의 계절 앞에서 182

CHAPTER 4 나는 지금 어떤 나무일까

작아지지 말자	187
나는 지금 어떤 나무일까	192
어느 소리가 더 시끄러운가	195
나뭇잎 하나의 소중함, 나무 전체의 아름다움	199
마음속의 불	204
너도 밤나무?	207
항아리 속 된장처럼	211
악인은 그리기 쉬운데 선인은 그리기 어렵다	216
뒷모습	219
내리고 싶다 이 세월의 열차에서	222
어리석은 자야, 네 영혼이 오늘 밤 네게서 떠나가리라	227
지식과 덕	230
가장 높이 나는 새가 가장 멀리 본다	233
가장 낮게 나는 새가 가장 자세히 본다	239
가장 고요히 나는 새가 가장 깊게 본다	243

CHAPTER 1

꽃은 소리없이 핀다

꽃은 어떻게 필까. 꽃은 소리 없이 핀다.

꽃은 고요하게 핀다.

고요한 속에서 끊임없이 움직이며 핀다.

꽃은 서두르지 않는다. 조급해하지 않으면서

그러나 단 한순간도 멈추지 않는다.

LETTER. 01

강물과 바다

　강물엔 나룻배를 띄우고 바다엔 고깃배를 띄운다. 개울엔 종이배를 띄우고 큰 바다엔 여객선이나 화물선을 내보낸다.

　사람들은 물을 보고 그 물에 뜰 수 있는 배가 어떤 배인지를 안다. 물의 처지에서 보면 그 물이 품을 수 있는 배가 따로 있다는 말이기도 하다.

　"물이 깊어야 큰 배가 뜬다. 얕은 물에는 술잔 하나 뜨지 못한다."

　「깊은 물」이라는 시에서 나도 이런 말을 한 적이 있다. 『장자』에 나오는 물에 관한 이야기를 읽다가 인용하며 쓰게 된 시다. 그래서 "이 저녁 그대 가슴엔 종이배 하나라도 뜨는가" 하는 질문을 나 자신에게 던지며, 큰 배처럼 많은 것을 품을 수 있으려면 그만큼의 깊이를 가진 사람이 되어야 하는데 지금 우리 마음의 깊이는 어느 정도인가 하고 묻기도 했다.

요 근래 무슨 일로 하여 며칠간 배를 탄 적이 있다. 동해 바다 깊은 물 위를 큰 배를 타고 가면서, 큰 바다로 나아가려면 큰 물결을 견딜 수 있는 자신과 힘을 아울러 갖추어야 하는구나 깨달았다.

개울물과 강물은 큰 배를 띄우지 않지만 거센 파도에 위협당하지는 않는다. 그래서 강물에 나룻배가 떠 있는 풍경은 늘 여유롭고 한가로운 느낌을 준다. 소박한 삶의 모습과 자잘한 애환이 강과 함께 흐르는 것을 느끼곤 한다.

그러나 바다는 그런 소박한 여유를 느끼기 이전에 죽음의 문제, 목숨의 가파른 자맥질과 강인해지지 않으면 안 되는 생존의 문제, 이런 것들을 동시에 생각하게 한다. 먼바다, 깊은 바다로 나갈수록 더욱 그렇다.

인간의 삶도 그런 것 같다. 살면서 좀 더 크고 넓은 곳으로 나아가고자 한다. 개울물이 강물을 이룬 뒤 끝없이 바다로 바다로 나아가듯이. 무엇이 되고 싶은 욕구 때문에, 무엇을 이루고자 하는 야망 때문에 사람들은 크고 넓은 세계를 향해 노 저어 간다.

그러는 사이에 자신도 모르게 때 묻고 상처받고 거칠어지곤 한

다. 루소의 지적처럼 20대에는 더 좋은 연인과 사랑을 얻기 위하여, 30대에는 더 많은 즐거움과 쾌락을 얻기 위하여, 40대에는 더 많은 것을 이루기 위한 야심 때문에, 50대에는 더 많은 것을 손에 쥐기 위한 탐욕 때문에 앞을 향해 나아간다. 그러는 동안 파도와 격랑은 피할 수 없는 것이 된다. 그리고 몰아치는 폭풍 속에서 좌초되거나, 가진 것을 다 잃거나, 상처받고 되돌아오기도 하는 인생의 뱃길을 지나간다.

그리하여 루소는 "인간은 언제 오직 예지만을 추구하게 될 것인가" 하고 묻는다. 삶과 삶의 지혜를 향한 깊이 있는 인간이 될 수 있을 것인가 하고 묻는 것이다.

깊이가 있다는 것은 많은 것을 품고 있다는 것이요, 큰 것을 받아들일 수 있다는 것이요, 거친 물결과 험한 파도까지 다 겪은 뒤 여유를 잃지 않고 넉넉해질 수 있다는 것이다.

바다에서 돌아오는 날, 나는 나 자신과 다른 이들에게 묻는다.

바다로 바다로 나아가기만 할 것인가, 바다를 거쳐 다시 항구로 돌아오는 길을 택할 것인가, 잔잔하던 내 최초의 강가를 향해 지금 욕심 없이 돌아갈 것인가.

LETTER. 02
들은 꽃을 자라게 할 뿐
소유하려 하지 않는다

봄이 오면 들은 많은 꽃을 피운다. 그 언덕에 크고 작은 많은 꽃을 피게 한다. 냉이꽃, 꽃다지, 제비꽃, 할미꽃, 노랑 민들레가 다투어 피어나는 모습을 말없이 바라본다. 그리고 그 꽃들이 생육하고 번성할 수 있도록 모든 것을 다 내준다.

계절이 바뀌고 새로운 꽃들이 다시 피고 지는 동안 들은 그 꽃들을 마음껏 자라게 할 뿐 소유하려 하지 않는다. 소유하려 하지 않기 때문에 언제나 많은 꽃들로 가득 차 있다.

강물은 흘러오는 만큼 흘려보낸다. 그래서 늘 새롭고 신선할 수 있다. 제 것으로 가두어 두려는 욕심이 앞서면 물은 썩게 된다. 강물은 제 속에 많은 물고기들이 모여 살게 한다. 그러나 그렇게 살게 할 뿐 소유하지 않는다.

산도 마찬가지다. 그 그늘로 찾아와 둥지를 틀고 깃들어 살게 할 뿐 소유하지는 않는다. 그래서 산은 늘 풍요롭다. 산짐승들이 모여들고 온갖 나무들이 거기에 뿌리를 내리게 한다. 그것들이 모여 와 있음으로 해서 비로소 산이 된다고 생각할 뿐이다.

새들이 마음껏 날개 치게 하는 하늘은 더욱 그렇다. 수많은 철새들의 길이 되어 주고 자유로운 삶터가 되어 줄 뿐 단 한 마리도 제 것으로 묶어 두지 않는다. 새들의 발자국 하나 훔치려 하지 않는다. 그래서 하늘은 더욱 넓고 푸르다.

『노자』에서는 이런 모습을 "천지와 자연은 만물을 활동하게 하고도 그 노고를 사양하지 않으며, 만물을 생육하게 하고도 소유하지 않는다" 하여 '생이불유生而不有'라 한다.

진흙을 이겨서 질그릇을 만들지만 그 안을 비워 두기 때문에 그릇 구실을 할 수 있는 것이다. 그릇 속이 진흙으로 꽉 차 있다면 그 그릇은 아무것도 담을 수 없을 뿐만 아니라 이미 그릇이라고도 할 수 없을 것이다. 그것은 진흙 덩어리 이상의 아무것도 아닐 것이다.

"사람이 그릇이 커야 한다"는 말이 있다. "그 사람은 큰 그릇이 될 사람이다"라고 말할 때도 있다. 그것은 그만큼 도량이 크고 마음이 넓다는 뜻인데, 다른 사람을 품어 안고 포용할 수 있는 공간이 넓으려면 마음이 비어 있어야 한다.

집을 짓고 방을 만들 때 그 내부를 비워 둠으로 해서 방으로 쓸 수 있는 것처럼 비움으로써 비로소 가득 차게 할 수 있는 이 진리, 이 무한한 크기.

사람의 마음도 삶도 비울 줄 알 때 진정으로 크게 채워지는 것을 만날 수 있다.

LETTER. 03

목수가 만든 악기

 노나라에 재경이라는 목수가 살았다. 그는 나무 다루는 솜씨가 뛰어나 온 나라에 소문이 자자한 사람이었다. 거문고를 만들었을 때도 사람들은 깜짝 놀랐다. 이 거문고에 대한 소문이 노나라 임금의 귀에까지 들어갔다. 노나라 임금은 거문고를 가져오라고 명령했다. 재경이 만든 거문고는 과연 명기였다. 임금은 재경을 궁 안으로 불러들였다. 그러고는 이렇게 물었다.

 "그대가 만든 거문고는 참으로 훌륭하도다. 그대는 무슨 기술로 이런 놀라운 악기를 만드는가?"

 그러자 재경은 머리를 조아리며 대답했다.

 "임금님, 저는 그저 평범한 목수에 지나지 않습니다. 솔직히 아무런 기술도 갖고 있지 않습니다. 다만 저는 악기를 만들기 전에 제 마음과 몸을 깨끗이 합니다. 그리고 악기에 대해 깊이 생각합니다. 그렇게 사흘을 보내고 나면 상을 받는다거나 벼슬을 받는다는 따위의 생각은 들지 않게 됩니다. 다시 닷새를 그렇게 보내고 나면 세상 사람들의 비난이나 칭찬 따위에 마음을 쓰지 않게 됩니다. 이레째가 되면 세상 아무것도 저의 마음을 어지럽히지 않습니다. 그때가 되면 오로지 악기 만드는 일만 생각날 뿐입니다. 그제야 비로소 저는 산으로 올라갑니다. 나무를 구하기 위해서입니다. 저에겐 이런 것 말고 악기를 잘 만드는 기술 따위란 정말 없습니다."

이 이야기는 액면 그대로 받아들여도 참 재미있다. 그리고 많은 것을 생각하게 한다. 재경이라는 목수는 자기가 이렇게 훌륭한 장인이 된 것은 마음을 비운 데 있다고 말한다.

마음을 깨끗이 비우는 과정도 세 가지 단계가 있는데 첫 번째 단계는 상이니 벼슬이니 하는 욕심을 버리는 일이요, 두 번째는 세상 사람들의 비난이나 칭찬 따위에 마음을 쓰지 않는 일이요, 그리하여 마지막에는 세상 어떤 것에도 마음이 어지럽힘당하지 않는 것이라고 한다. 오로지 자기가 할 일에 대해서만 생각하고, 그러고는 나무를 구하러 간다는 것이다.

어떤 일을 하는 데 마음가짐이 얼마나 중요한 것인가를 생각하게 하고, 욕심을 버리고 마음을 비우는 일이 잔재주나 기교보다 훨씬 중요한 일임을 깨닫게 해 준다.

그러나 우리는 세상을 살면서 내가 하는 일을 남이 알아주지 않아서 속상해할 때가 얼마나 많은가. 상을 받지 못해 불평불만을 터뜨리거나 상을 받기 위해 옳지 않은 방법까지 동원하고 또는 낯 뜨거운 일도 서슴지 않는 경우가 얼마나 많은가. 비단 악기 만드는 일뿐 아니라 내가 하는 일에 욕심이 먼저 앞서서 마음이 흐려지는 경우가 얼마든지 있다.

더구나 내가 한 일에 대해 남이 어떻게 생각할까를 의식해 노심초사하는 때가 참 많은 게 또한 사람이다. 나 역시 아직도 그런 한계를 벗어나지 못해 부끄러울 때가 많다. 조금만 칭찬을 받아도 흔들리는 게 사람이고, 비난에는 어떤 것도 참지 못하고 금방 흥분하고 흔들리는 게 사람이다.

불교에서는 여덟 가지 바람에도 흔들리지 말라고 한다. 여덟 가지는커녕 한 가지 바람만 불어도 흔들리는 게 우리 인간이다.

『반야심경』에 "심무괘애 무유공포 心無罣礙 無有恐怖"라는 구절이 있다. '마음속에 아무런 얽매임도 거리낌도 없으면 두려움도 걱정도 없다'는 말이다. 괘罣는 그물을 말한다. 고기를 잡는 그물이다. 애礙는 장애물을 말한다. 사는 동안 우리를 가로막는 그물이

나 장애물은 언제나 있게 마련이다.

그러나 그런 그물에 걸리지 않는 바람처럼 허허로운 마음을 가질 때라야만 그 일로 인한 두려움이나 공포와 불안에서 벗어날 수 있고, 그렇게 욕심 버린 마음으로 자기 일에 최선을 다할 때 비로소 최고의 성과를 얻을 수 있다는 것이다.

돈이라는 그물, 명예라는 장애물, 권력이라는 덫을 스스로 쳐 놓고 거기에 걸려 허우적거리는 동안 내가 만들려던 악기는 본래 내가 의도했던 대로 만들어지기는커녕 수없는 졸작만을 양산하게 된다.

주리반특이라는 사람이 있었다. 그는 부처님의 제자 중에 머리가 가장 둔한 사람이었다. 아무리 쉬운 진리의 말을 주어도 깨닫지 못하자 '먼지를 털고 때를 없애라'는 한 구절만을 가르쳐 주었다. 바보스럽지만 정직한 주리반특은 이 한 구절만 정성껏 외며 다른 스님들의 신을 닦아 주고 먼지를 털어 주었다. 이렇게 긴 세월을 일하는 동안 드디어 자신의 마음을 깨끗이 가질 수 있게 되었다. 그리하여 신통설법 제일의 아라한이 되었다.

어느 날 부처님은 많은 사람들 앞에서 이렇게 말씀하셨다.

"깨달음을 연다는 것은 결코 많은 것을 안다는 것이 아니다.

비록 얼마 되지 않는 작은 한 가지 일이라도 그것에 철저하기만 하면 되는 것이다. 주리반특을 보라. 그는 청소하는 것에 철저함으로써 마침내 깨달음을 열지 않았느냐."

마음을 바로 열어 간다는 것. 마음을 비우고 버린다는 것. 그게 그만큼 중요한 것이다.

칼릴 지브란도 『예언자』에서 이렇게 말한 적이 있다.

"그대들 만일 사랑으로 일할 수 없고 다만 혐오로써 일할 수밖에 없다면 차라리 그대들은 일을 버리고 신전 앞에 앉아 기쁨으로 일하는 이들에게 구걸이나 하는 게 나으리라. 왜냐하면 그대들 만약 냉담하게 빵을 굽는다면 인간의 굶주림을 반도 채우지 못할 쓴 빵을 구울 것이기 때문에. 또한 그대들 원한에 차서 포도를 짓이긴다면 그대들의 원한은 포도주 속에 독을 뿜으리라."

어떤 마음으로 나무를 다듬느냐에 따라 그 나무가 천하의 보배로운 거문고가 되기도 하고 땔감이 되기도 하며, 어떤 자세로 빵을 굽느냐에 따라 사랑의 양식을 만들기도 하고 독을 만들기도 한다.

LETTER. 04

가까이 하면서도
물들지 않는 사람

　사람들 사이에 섞여 살면서 자신을 잃지 않고 산다는 것은 어려운 일이다. 거대한 도시, 수많은 집단, 그 속에 홀로 서 있는 한 개인…….

　이런 생각을 하면 나 자신의 존재가 한없이 미약하게만 느껴진다. 그러나 바로 이러한 이유로 사람들은 군중 속에 서 있는 자신을 남들에게 알리고 싶어 한다. 고립된 자리에 물러나 있게 되는 것을 두려워하고 어떤 형태로든 다른 사람들한테 인정받고 싶어 한다.

　나를 칭찬하는 소리에도 귀가 얇아지고 박수 소리만 들어도 금방 흔들린다. 일을 통해 성취감을 느끼고 싶어도 하지만 그 성취감의 결과로 남보다 위에 서는 사람으로 있기를 바란다.

돈의 위력을 실감하면 더 많은 돈을 벌기 위해 뛰어다니게 되고, 권력의 전지전능함을 맛보면 그 권력을 차지하기 위해 온갖 길을 찾아다니게 된다. 단 하루도 남에게 뒤지지 않기 위해 쫓기듯 삶의 벌판을 누비고 다닌다.

그렇게 사는 동안 우리는 조금씩 달라져 가는 자신을 발견한다. 자기도 모르는 사이에 때 묻고 혼탁해진 자신의 모습을 발견한다. 이게 아닌데, 이건 아닌 것 같은데 하면서도 그 삶의 테두리를 벗어나지 못한 채 살아간다.

그런 어느 저녁, 혼자 되어 『채근담』 한쪽을 펴 보면 고요하게 가라앉은 샘물 옆에 서 있는 듯한 느낌을 받는다.

밤 깊어 사람 소리 고요한 때에 홀로 일어나 앉아 내 마음을 관찰해 보면 비로소 망념妄念이 사라지고 참된 마음만이 홀로 나타남을 알면서도 망념에서 도피하기 어려움을 깨닫는다면 또한 이 가운데서 큰 부끄러움을 느끼게 되리라.

권세와 이익과 사치와 화려함은, 이것을 가까이하지 않는 사람을 깨끗하다고 하지만 이를 가까이하면서도 물들지 않는 사람을 더욱 깨끗하다고 한다. 잔재주와 권모와 술수와 교묘함은, 이것을 모르는 사람을 높다고 하지만 이를 알면서도 사용하지 않는 사람을 더욱 높다고 한다.

세리분화 勢利紛華.

권세와 명리와 사치스러움과 화려함은 사람들이 얼마나 동경하는 것인가. 그러나 그것을 얻기 위해서 수단과 방법을 가리지 않을 때 사람들은 얼마나 추악해지는가. 그래서 이런 것을 가까이하지 않는 사람을 우리는 고결하다고 한다. 청렴하고 결백하다고 한다.

그러나 그것들을 멀리하기 위해 마음을 식은 재처럼 가지고 세상 모든 것과 관계를 끊어 버린 채 살아갈 수만은 없다. 하지만 이런 것들과 가까이 있으면서도 더러움에 물들지 않고 비리와 불의에 빠지지 않는 사람이야말로 진정 깨끗한 사람일 것이다.

남들보다 높은 자리에 올라가고자 교묘하게 남을 속여 넘기거나 잔재주를 부리지 않는 사람을 보면 우리는 그의 사람됨에 고개를 숙인다. 몰라서가 아니라 알면서도 그렇게 하지 않는 사람이라면 그 사람은 진정으로 인격이 높은 사람일 것이다.

몰라서 못하는 사람과 알면서도 하지 않는 사람이 있다면 후자가 훨씬 더 고매한 사람일 것이다. 마치 연꽃이 진흙 속에서 자라기 시작했어도 꽃 그 자체는 흙 하나 묻지 않고 피어 있는 것처럼 그의 인격은 빛날 것이다. 눅눅한 강가나 늪지에 알을 낳으면서도 그 새가 뻘흙 속에서만 살지 않고 푸른 하늘을 날며 살도록 키우는 어미 새들처럼 그의 정신은 아름다울 것이다.

벼가 너무 빽빽하게 심어져 바람 하나 통하지 못하다가 서로 붙어 썩어 가는 병을 '문고병'이라 한다. 많은 벼들이 함께 있으면서도 썩지 않고 자라는 것은 그들 스스로 최소한의 자기 존재를 지켜 나갈 수 있는 거리와 여유를 확보하고 있기 때문이다.

함께 있으면서도 썩지 않으며, 여럿 속에 있으면서도 자신을 지켜 나간다는 것은 쉬운 일이 아니다. 멈추어 있는 구름 같은 마음 가운데서도 솔개가 날고, 고요한 물결 같은 마음속에서도 물고기가 뛰노는 듯한 기상이 있어야 이것이 도를 깨달은 사람의 마음이라고 한다.

소리에 놀라지 않는 사자처럼, 그물에 걸리지 않는 바람처럼 어떤 상황에서도 자신의 본심을 잃거나 흔들리지 않는 사람, 이런 사람을 대인이라 하고, 상황과 때에 따라 마음을 잃고 흔들리는 사람을 소인이라고 한다.

하루에도 몇 번씩, 아니 순간순간 어떤 일에 부딪칠 때마다 망심, 즉 허망한 생각과 삿된 마음에 빠지기 쉬운 게 우리 인간이다. 그러나 고요한 밤 홀로 되어 가만히 자신의 내면으로 돌아와 보면 아직도 때가 덜 묻은 자기의 청정한 본심이 그 속에 있는 것을 발견하게 된다. 소리 없이 되살아나는 본래의 무구한 자기 자신을 볼 수 있다.

망심도 내 마음이요, 진심도 내 마음이요, 그게 한 마음의 다른 작용이었던 것을 알면 내가 내일 하루를 어떻게 살아야 할 것인가를 다시 생각하게 되리라.

LETTER. 05

물은 자기가 나아갈 길을 찾아 멈추는 일이 없다

해마다 겪는 일이지만 물은 참 무섭다. 물이 한번 휩쓸고 지나가면 아무것도 남지 않는다. 그래서 동서양을 막론하고 물은 심판의 한 증거로 받아들여지곤 했다. 성경에 나오는 노아의 방주 이야기가 그렇고, 우리나라의 장자못 전설이나, 홍수 속에 유일하게 살아남은 두 남매가 산꼭대기에서 맷돌을 굴려 그것이 하나 되는 것을 보고 부부의 연을 맺어 다시 사람을 퍼뜨리게 됐다는 이야기 등도 대홍수로 인한 참변을 배경으로 하고 있다.

그러나 중국의 사상가 왕양명은 '수오훈水五訓', 즉 물이 주는 다섯 가지 가르침을 통해 우리가 물에서 어떤 것을 배워야 하는지를 일깨워 준다.

첫째, 물은 항상 자기가 나아갈 길을 찾아 멈추는 일이 없다는 것이다. 그 앞에 바위가 놓여 있든 높은 언덕이 가로막혀 있든, 가다가 흐름을 멈추는 물줄기는 없다. 앞에서 물길을 막고 있는 것의 틈새를 반드시 찾아내어 그 사이를 찾아 흐르거나, 안 되면 앞에 놓여 있는 것의 둘레를 에돌아서라도 아래로 흘러내린다.

바다로 가는 물줄기, 강줄기의 그 수없는 곡선들은 어떻게든 자신의 길을 멈출 수 없던 물의 몸짓과 걸어온 흔적이기도 하다.

둘째, 물은 스스로 움직여 다른 것을 움직인다. 물은 언제나 살아 움직인다. 생명체로서 살아 있고 움직여 흘러가면서 살아 있다. 그래서 그 속에 살아 있는 것들을 키우고 그 곁에 온갖 풀과 꽃과 나무와 생명체들을 살아 움직이게 한다.

스스로 살아 움직여 다른 것을 살아 움직이게 하는 이 힘은 아무것도 아닌 것 같지만, 스스로 타올라 모든 것을 불에 타 죽게 만드는 불의 속성과는 너무도 다르다.

셋째, 물은 장애를 만나면 그 세력을 몇 배로 한다. 그래서 물의 힘을 인위적으로 막으려 해서는 안 된다는 것이다. 물줄기를 막아 놓은 둑이나 저수지, 댐은 인간이 물을 다스리기 위해 지혜를 모아 쌓은 것들이다. 그러나 댐도 물의 수위가 높아지면 아래로 물을 흘려보낸다. 물이 넘치도록 그냥 내버려 두면 터져 버리기 때문이다.

인간의 삶 또한 그렇다. 한 사람의 성냄이든 다수 민중의 원성이든 막아 두고 덮어 두려고만 하면 고인 물처럼 터져 버린다.

넷째, 물은 스스로 맑으려 하고 다른 것의 더러움을 씻어 준다. 또 맑고 더러움을 가리지 않고 받아들인다. 그래서 사람이 이런 물의 마음만큼만 된다면 득도의 경지에 들었다 할 수 있으리라. 저는 맑지 않으면서 다른 이의 더러움만 손가락질하는 것이 아니라, 더러운 것까지 받아들여 맑게 만드는 힘을 물은 가지고 있다.

다섯째, 물은 넓은 바다를 채우고, 때로는 비가 되고 구름이 되고 얼음이 되기도 하지만 그 성질은 바뀌지 않는다. 사람은 그 손에 채찍을 쥐어 주거나 칼을 들려 놓으면 성품이 달라진다. 그 머리 위에 황금관을 씌워 주면 걸음걸이와 목소리가 달라진다. 사람 자체가 완전히 달라진다.

비가 되든 얼음이 되든 본래의 자기 성질을 잃지 않는 물에서 우리 인간이 어떤 모습이어야 하는가를 배운다. 어디에 가서 어떤 모습을 하고 있든 평상심을 잃지 않는 것, 그것이 곧 깨달은 사람의 모습이라 하지 않는가.

LETTER. 06

꽃은 소리 없이 핀다

　꽃은 어떻게 필까. 꽃은 소리 없이 핀다. 꽃은 고요하게 핀다. 고요한 속에서 끊임없이 움직이며 핀다. 꽃은 서두르지 않는다. 조급해하지 않으면서 그러나 단 한순간도 멈추지 않는다.

　아우성치지 않으면서 핀다. 자기 자신으로 깊어져 가며 핀다. 자기의 본모습을 찾기 위해 언 땅속에서도 깨어 움직인다. 어둠 속에서도 눈감지 않고 뜨거움 속에서도 쉬지 않는다.

　달이 소리 없이 떠올라 광활한 넓이의 어둠을 조금씩 지워 나가면서도 외롭다는 말 한마디 하지 않는 걸 보면서, 꽃도 그 어둠 속에서 자기가 피워야 할 꽃의 자태를 배웠으리라. 자기 자신을 잃지 않으려 몸부림치지만 집착하지 않아서 꽃 한 송이를 이루었으리라.

무념무상의 그 깊은 고요 속에서 한 송이씩을 얻었을 것이다. 자아를 향해 올곧게 나아가지만 자아에 얽매이지 않고 무아의 상태에 머무를 줄 아는 동안 한 송이씩 피어올랐을 것이다.

석가모니의 설법을 듣다 말고 꽃 한 송이를 보며 웃음 짓던 가섭의 심중도 그런 것이 아니었을까. 꽃 한 송이가 그렇게 무장무애한 마음의 상태에서 피어나는 것처럼 우리도 말씀 하나를 그렇게 깨닫고 삶의 경계마다 화두 하나씩을 깨쳐 나가야 한다고 생각했던 것은 아닐까. 진흙 속에 살고 진흙에서 출발하되 진흙이 묻어 있지 않은 새로운 탄생. 우리의 삶도 그런 꽃과 같아야 한다는 것은 아니었을까.

풀 한 포기도 그와 똑같이 피어난다. 그렇게 제 빛깔을 찾아 간다. 나무 한 그루도 그렇게 나뭇잎을 내민다. 가장 추운 바람과 싸우는 나무의 맨 바깥쪽을 향해 앞으로 앞으로 나아가되 욕심부리지 않고, 욕심조차 버리고 나아가다 제 몸 곳곳에서 꽃눈 트는 소리를 듣게 되었을 것이다. 그렇게 어린 잎새를 가지 끝에 내밀며 비로소 겨울을 봄으로 바꾸어 놓았을 것이다.

봄도 그렇게 온다. 아주 작은 냉이꽃 한 송이, 꽃다지 한 포기도 그렇게 추위와 어둠 속에 그 추위와 어둠이 화두가 되어 제 빛깔의 꽃을 얻는다. 꽃 한 송이, 풀 한 포기가 혹독한 제 운명을 딛고 일어서는 모습을 발견하였을 때 사람들은 봄이 왔다고 말한다.

발치 끝에 와 발목을 간질이는 어린 풀들을 보며 신호라도 하듯 푸른 잎을 내미는 나무들. 사람들은 그걸 보고 비로소 봄이 왔다고 말한다. 그 나뭇가지 위로 떠났던 새들이 돌아오는 반가운 목소리가 모여 와 쌓일 때 비로소 봄이라고 말한다.

추상명사인 봄은 풀과 나무와 꽃과 새라는 구체적인 생명들로 채워졌을 때 추상이라는 딱지를 떼고 우리의 살갗으로 따스하게 내려온다.

LETTER. 07

큰 말은 담담하고
작은 말은 수다스럽다

 아침에 도니제티의 오페라 〈사랑의 묘약〉 중에 '남 몰래 흐르는 눈물'을 혼자 들었다. 양희은의 노래 〈한계령〉에 나오는 구절 "저 산은 내게 내려가라 내려가라 하네"를 몇 번이나 되풀이해서 들었다.

 삶에 지쳤을 때 듣는 이 노래는 정말 우리가 바람처럼 살다 갈 수 있다면 얼마나 좋을까 하는 생각에 오래도록 젖어 있게 한다.

 그러곤 『직지심체요절』 몇 장을 읽고 『장자』를 펼쳤다.

 바람은 꽃 진 나뭇가지를 흔들고 가는데 욕심을 버리며 사는 일의 지난함을 생각한다. 오랫동안 습관처럼 뛰어들던 일들에서 벗어나 자신으로 돌아오는 아침은 고요하다.

 때로는 시를 읽는 일도 마음을 어지럽게 한다. 시를 읽는 것보다 앞산 숲을 바라보는 것이 더 마음 편할 때가 있다. 시를 쓰는 일보다 조팝나무 향기에 취해 있는 동안이 더 좋을 때가 있다. 아무런 욕심 없이 꽃을 피우고 아무런 미련 없이 그 꽃을 버리는 꽃나무들을 바라보며 마음이 깊어지는 날이 있다.

살다 보면 우리들은 꽃 한 송이 겨우 피워 놓고 큰소리치고 떠들어 대고 아름다움을 다투고 시기하며 쟁론에 여념이 없을 때가 많다. 보잘것없는 꽃 한 송이만 한 일을 이루어 놓았다고 으스대다 남들이 아직 다 보아 주지 않았는데 그 꽃 진다고 조바심 내고 안달하는 때도 있다.

북 치고 장구 치며 길거리에서 파는 약치고 명약이 없다고 한다. 효험이 적은 약일수록 과장된 선전이 많다. 속이 덜 찬 사람일수록 자신을 자신 이상의 것으로 드러내 보이기 위해 허풍을 많이 떤다. 목소리가 커지고 깊이가 없어진다.

그래서 장자는 "대지는 한한하며 소지는 간간하고, 대언은 담담하며 소언은 첨첨하다 大知閑閑 小知閒閒 大言淡淡 小言詹詹"고 했다. '큰 지혜는 여유 있고 한가하며 작은 지혜는 나무라고 따지려 든다, 큰 말은 담담하고 작은 말은 수다스럽다'는 뜻이다.

깊은 지혜가 들어 있는 말일수록 그 표현은 명료하고 간명하다. 불충분할수록 설명이 많고 듣는 이를 더욱 어렵게 만든다. 어려운 내용을 어렵게 이야기해 주는 선생님과 어려운 내용을 쉽고 분명하게 이야기해 주는 선생님 중에 누가 더 실력 있는 분인가를 우리는 금방 안다. 생각이 깊고 정말 아는 게 많은 사람은 오직 거센 목소리로만 말하지 않는다. 여유 있게 천천히, 그러나 충분히 알아들을 수 있도록 말한다.

그들은 한 가지를 말하면 두 가지를 들으려 한다. 언제나 마음을 열어 놓고 남의 이야기를 들으려 하며 내 말로 남을 누르려 하지 않는다.

본래 사람의 귀는 두 개인데 입은 하나인 이유가 말한 것의 두 배만큼 들으라는 뜻임을 그들은 안다. 그래서 지혜로운 사람은 겸손하다. 몸과 마음에 비워 둔 곳이 많아서 남의 것을 받아들일 자리가 남아 있다.

오직 내 것으로만 가득 차서 남의 생각, 남의 말을 받아들일 공간이 남아 있지 않은 사람들은 언제나 편협하다. 표정이 불안하고 남에게 지지 않으려는 마음 때문에 생각과 행동에 여유가 없다. 강물 소리가 귀에 잘 들리지 않고 피고 지는 꽃이 눈에 잘 보이지 않는다. 그게 다 자신에 대한 지나친 욕심인지 모른다.

욕심을 버리면 편안해진다. 욕심을 버리면 담담해진다.

LETTER. 08

무심한 동심

 가을 햇살이 사람의 마음을 맑고 넉넉하게 한다. 낮에 미술 전시회장에 갈 일이 있어 문을 나서는데, 누군가 아파트 입구에 옮겨 심어 놓은 구절초 몇 송이가 보인다.

 연보랏빛 야생 구절초를 그곳에 옮겨다 심은 사람은 누굴까. 작고 소박한 것을 아름답게 여길 줄 아는 그의 마음이 참 아름답구나 하는 생각을 한다. 그 구절초 위에 가볍게 내려앉는 가을 햇살과 부드러운 바람을 본다.

 무욕의 그 바람과 무심히 흔들리는 꽃의 자태를 바라보며 이 가을 우리가 더 버려야 할 것을 생각한다. 걸림이 많고 잡다한 생각이 많아서 불편하게 살고 있는 나 자신이 꽃 한 송이 앞에서 못내 부끄러워진다.

내가 나 스스로를 옭아매고 거기에 갇혀 늘 힘들게 살면서도 그걸 벗어나지 못한다. 들국화 한 송이는 산비탈에 피어서도 자신을 자신 이상으로 허세 부리려 하지 않는다. 그저 들국화면 좋다고 생각한다. 헛된 것을 바라거나 욕심을 부려 자신을 괴롭히지 않는다.

　까치는 나뭇가지 사이에 지은 제 집에서 편안하다. 잔가지를 물어다 지은 집에서 더 큰 집을 꿈꾸며 자신을 괴롭히지 않는다. 헛된 왕국을 세울 생각에 노심초사하지 않는다. 어떻게 다른 까치와 싸워 이길까를 궁리하지 않는다. 남의 손가락질, 남의 비난 때문에 제 둥지에서 전전긍긍하지 않는다.

　내 마음속에는 실타래처럼 얽혀 풀어지지 않는 것들이 많고 내 머릿속에는 복잡한 궁리가 많다. 남이 어떻게 생각할까 계산이 많고 내가 쳐 놓은 울타리와 장벽이 많다. 하지 말아야 한다고 박아 놓은 금기의 표지판이 즐비하고 가지 말아야 한다고 세워 놓은 붉은 신호등이 많다.

　그 길만을 따라 걷고 계산된 몸짓과 표정을 지어 가며 아슬아슬하게 건너가는 날들이 많다. 규격에 맞는 구두에 발을 맞춰 가며 살아오는 동안 억눌린 맨 가장자리 발가락에 딱딱한 티눈이 생기듯, 마음 군데군데 박인 티눈이 무수히 많다.

오늘은 그런 신발을 벗고 편안한 신으로 갈아 신은 뒤 천천히 내게 걸어오라고 가을 햇살은 말한다. 몸을 빠듯하게 조이던 허리띠를 조금 늦추고 여유 있는 차림으로 나오라고 말한다. 목에 꼭 끼던 단추도 하나 끄르고 목과 어깨에 힘도 빼고 그렇게 오라고 가을바람은 말한다. 복잡한 머릿속도 비우고 털어 내고 가을 들녘으로 나와 보라고 한다.

코스모스란 코스모스, 과꽃이란 과꽃, 억새풀이란 억새풀 모두가 몸에 힘을 빼고 편하게 제 몸을 바람에 맡기고 있어서 가을 길이 환하다는 것을 가르쳐 준다. 무심이 무엇인가를 알려 준다. 쉬고 있으면 마음이 텅 비고, 비워야지만 다시 실하게 채울 수 있으며, 그렇게 가득 찰 때 비로소 모든 일이 순서대로 잘 다스려진다고 일러 준다.

그렇게 텅 비워 무심해지면 비로소 고요해지고 고요해져야 모든 것이 제대로 움직이며, 제대로 움직여야 얻어지는 것이 있고 모든 일이 뜻대로 된다는 것을 알게 한다. '휴즉허 허즉실 실즉윤의 허즉정 정즉동 동즉득休則虛 虛則實 實則倫矣 虛則靜 靜則動 動則得矣'라는 말이 그런 뜻이다. 무심히 움직이는 마음. 『장자』「천도편」에서 이야기하는 무심無心한 동심動心이 가을 햇살 속에서 가을바람을 맞으며 걸어갈 때 생기는 것임을 가을은 알게 한다.

LETTER. 09

지혜를 주는 나무

아침에 일어나 창문을 열면 산수유나무가 샛노란 손을 흔들며 제일 먼저 인사한다. 모든 것이 죽은 듯이 보이던 잿빛 대지 위에 꽃을 피우는 나무들은 언제 보아도 아름답다. 그들은 생명을 가진 것들이 얼마나 소중하며 또 얼마나 끈질기며 얼마나 아름다운가를 봄마다 우리에게 보여 준다. 우리가 조금만 관심을 가지고 그들을 들여다보면 나무는 우리에게 삶의 지혜를 많이 일깨워 준다.

모과나무 잎이 가지 위에 하나씩 돋아나는 걸 보면 거기에도 일정한 순서가 있다. 오른쪽에 잎 하나를 내면 반드시 왼쪽에도 하나를 내고 그 가운데 또 하나를 낸다. 해 뜨는 쪽으로 잎을 내면 해 지는 쪽으로도 꼭 한 잎을 내곤 한다.

나무들이 잎새 하나를 내는 데에도 그 속엔 정교한 질서가 있다. 그걸 잎차례라고 한다. 잎을 내는 순서 때문에 싸우지 않고 순리를 따른다.

튼실한 과일이 열리는 복숭아나무, 사과나무는 나뭇가지를 하늘 쪽으로 너무 높이 올리지 않는다. 가지 하나를 키워도 굵고 튼튼하게 키운다. 흙의 향기를 잊지 않고 뿌리 내린 대지를 멀리 떠나지 않는다. 하늘을 향해 너무 높이 올라가려고만 하는 나무에는 실속 있는 열매가 열리지 않는다는 것을 알고 있다. 하늘로 하늘로 치솟기만 하는 가지는 허약하며, 허약한 꿈의 나무는 큰 과일을 가질 수 없게 마련이라는 점을 과일나무들은 알고 있다.

일찍이 신경림 시인은 「나무」라는 시에서 이렇게 이야기한 적이 있다.

> 나무를 길러본 사람만이 안다
> 반듯하게 잘 자란 나무는
> 제대로 열매를 맺지 못한다는 것을
> 너무 잘나고 큰 나무는
> 제 치레 하느라 오히려
> 좋은 열매를 갖지 못한다는 것을

한 군데쯤 부러졌거나 가지를 친 나무에
또는 못나고 볼품없이 자란 나무에
보다 실하고
단단한 열매가 맺힌다는 것을
나무를 길러본 사람만이 안다
우쭐대며 웃자란 나무는
이웃 나무가 자라는 것을 가로막는다는 것을
햇빛과 바람을 독차지해서
동무 나무가 꽃피고 열매 맺는 것을
훼방한다는 것을
그래서 뽑거나
베어버릴 수밖에 없다는 것을
사람이 사는 일이 어찌 꼭 이와 같을까마는

  사람 사는 일이 나무가 자라는 것과 꼭 같을 수는 없겠지만 너무 잘나고 큰 나무에는 좋은 열매가 열리지 않는 데 비해 한 군데쯤 부러졌거나 가지를 친 나무에 더욱 실하고 단단한 열매가 맺힌다는 것을 발견하면서 자만하지 말 것을 경계하고 있는 것이다. 우쭐대며 웃자란 나무도 마찬가지라는 것이다. 곁에 있는 나

무가 자라는 것을 가로막는 나무는 뽑혀지게 마련이라는 것이다.

사람은 오랜 날 같이 일하다가도 생각이 달라 갈라지면 원수가 된다. 가까이 지내던 사람을 원수보다도 더 미워한다. 그러나 나무는 그렇지 않다. 어느 정도 둥치가 굵어지면 자연스럽게 줄기가 갈라진다. 한겨울에도 푸른빛을 잃지 않는 소나무도 그렇고 단단하기로 둘째가라면 서러워하는 박달나무도 그렇다. 햇빛을 받고자 하는 방향 때문에도 갈라지고, 바람에 쓰러지지 않으려고 안간힘을 쓰다가도 갈라진다. 그러나 갈라졌다고 서로 미워하거나 해치지 않는다. 서로가 한 뿌리에서 시작되었음을 잊지 않는다.

사람들이 나무를 가까운 곳에 심어 두고 사는 데에도 다 이유가 있고, 나무가 자꾸만 사람 사는 곳으로 내려오고자 하는 데에도 다 이유가 있는 것 같다.

LETTER. 10

먼지 속에 살아도
먼지를 떠나 산다

낮에 일이 있어서 시내에 있는 대학에 갔다가 그곳 역사과 교수님의 권유로 옛 등기구 전시회장에 들렀다. 그 대학 역사문화관에서 여는 우리 문화에 관한 주제전의 하나인데, 옛날 우리가 쓰던 등잔들을 전시하고 있었다.

소나무 등잔받침이나 섬 지방의 부엌등, 뽕나무 촛대, 벽걸이등, 옹기 등잔, 초롱, 순라군의 지등을 보니 잊고 있던 어린 시절의 가난하고 아름다웠던 밤들이 아련하게 떠올랐다.

등잔에다 콩기름이나 들기름 또는 석유를 넣고 등불을 켠 뒤 그 아래서 무언가를 읽거나 도란도란 이야기를 주고받던 시절을 생각하며 떡판으로 만든 탁자에서 녹차를 마셨다. 밖에는 가을을 떠나보내는 비가 부슬부슬 내리는데 방 안에서 듣는 음악이 참

좋았다.

 늘 어수선하고 시끄러운 시내 대학 한복판에 이렇게 호젓한 자리를 만들어 놓고 사는 사람들을 보면서 내가 "거진이진입니다" 하고 이야기를 꺼냈다.

 거진이진居塵離塵이란, 속세의 먼지 속에 살면서 먼지를 떠나 있다는 말이다. 사람들이 모여 사는 도시에서는 너나없이 사람들로 인한 티끌과 먼지를 묻히며 살게 마련이다. 그게 속세다. 그 속세를 떠나 살 수 없는 게 우리 인간이다.

 '속세를 떠난 산俗離山'이라는 이름이 붙은 산에 가 보아도 그곳 또한 속세의 한 부분임을 확인할 때가 있다. 번잡한 도시를 떠나기만 하면 먼지를 벗을 수 있겠지 생각하고 그곳에 갔다가 많은 사람들이 마음의 먼지를 가득 안은 채 와 있는 걸 보며 산속 또한 세속의 연장이라는 걸 느끼곤 한다.

 마음의 때를 벗지 못했는데 시골로 내려와 있다고 삶이 맑아지겠는가. 욕심을 버리지 못하고 원망하는 마음을 거두지 못하고 분노하는 마음에 흔들리며, 어리석음이 일으키는 온갖 경망한 태도를 외투처럼 걸치고 있으면서 몸만 산과 들에 두었다고 속세를 떠나왔다 할 수 있겠는가.

 몸이야 어디에 두었건 마음이 탐진치貪瞋痴의 티끌을 떨쳐 버릴

수 있어야 진정으로 먼지를 벗어나 사는 길이 아닐까.

장소만 도시 아닌 곳으로 옮기고 먼지를 벗어나 살기는 쉬울 수 있다. 그러나 먼지 속에 살면서 그 먼지를 벗어나 사는 일은 어렵다.

그래서 '대인大人은 은어시隱於市'라 했으리라. 향촌에 숨어 사는 일은 누구든 할 수 있지만, 도시에 살면서도 도시를 벗어나 은거한 사람처럼 때 묻지 않고 사는 일은 아무나 할 수 없는 일일 것이다. 그런 사람이 대인大人, 즉 훌륭한 사람이라는 말이다.

등잔의 심지는 제가 밝힐 수 있는 만큼의 빛이 있다. 그게 마음에 안 찬다고 심지를 키워 놓으면 그을음을 낸다. 조금 더 밝게 만들 수는 있어도 그을음 때문에 눈을 제대로 뜨지 못하게 된다.

빛이 더 밝으면 무얼 하는가, 눈을 제대로 뜰 수 없는데. 우리 마음의 탐욕도 그와 같다. 결국 심지만 못 쓰게 되고 만다.

어차피 속세를 떠나 살 수 없는 우리들.

속세에서 먼지와 티끌을 뒤집어쓰고 살면서 먼지를 벗어날 수 있는 길은 무엇일까. 하루에 다만 몇십 분이라도 조용히 마음의 등불 하나 켜 놓고 생각에 젖어 볼 일이다.

LETTER. 11

비어 있음의 그 충만

일이 있어서 경상도로 가는 길에 보은 외곽을 지나는데, 함께 가던 일행 가운데 하나가 하도 칭찬하는 산이 있기에 마음에 담아 두었다가 며칠 뒤 혼자서 그 산엘 올랐다. 사람들이 많이 찾지 않는 산이라 한적하였다. 줄지어 선 나무들 사이로 내리는 햇살이 맑고 투명했다.

"저 텅 빈 곳을 잘 보라. 텅 빈 곳에 햇빛이 비쳐 밝지 않은가. 행복이나 기쁨은 텅 빈 곳에 머문다."

산에 오르다 힘이 들어 쉬면서 펼친 책에는 그런 구절이 쓰여 있었다. 사람 없는 산은 맑고 고요한데 어지러운 마음 버릴 곳을 찾느라 분주한 내 발소리 때문에 소란스러운 걸 느끼겠다.

사람들 사이에서 사람들과 섞여 살면서 풀어지지 않는 실타래

같은 덩어리들을 산 어느 골짜기에다 묻어 버려야겠다고 생각했는데 산이 하도 맑고 고요해 오히려 내가 버린 것들로 산이 더럽혀질 것 같다. 계곡을 흐르는 물줄기에다 흘려 버리려 했더니 내 혼탁한 마음 버린 것으로 하여 깨끗한 물이 더러워질 것 같다. 결국은 다시 사람 사는 세상에서 사람들과 함께 풀어야 할 것들인지라 깨끗한 산 더럽히지 말고 되갖고 내려가자 마음먹었다.

나를 괴롭히는 수만 가지 것들의 실체도 생각해 보면 내 욕심이 지나쳐서 생긴 것일 수 있다. 남들의 근거 없는 비난과 욕설이 듣기 싫지만 혹시 내가 너무 많은 것을 누리고 있거나 남보다 더 가진 것이 많아서 생기는 것인지도 모른다. 나누려 하지 않는 옹졸함, 가진 것을 지키기 위한 집착과 마음을 활짝 열지 못하는 소심증이 남을 화나게 했는지도 모른다. 남들의 비판이 두렵고 나를 지키는 일이 어려워 그들을 공격하고 욕하며 갈수록 마음이 혼란스러워지는 것인지도 모른다.

> 나는 너무 많은 것을 그냥 받았다
> 땅은 내게 많은 것을 그냥 주었다
> (…)
> 이제 가지에 달린 열매를 너에게 준다

남에게 줄 수 있는 이 기쁨도 그냥 받은 것,

땅에서, 하늘에서, 주위의 모두에게서

나는 너무 많은 것을 그냥 받았다

내 몸의 열매를 다 너에게 주어

내가 다시 가난하고 가벼워지면

미미하고 귀한 사연도 밝게 보이겠지

그 감격이 내 몸을 맑게 씻어주겠지

(…)

주는 것이 바로 사는 길이 되는구나

마종기 시인이 「과수원에서」라는 시에서 한 이야기다. 시인은 내가 가진 열매가 내 것이 아니라 땅과 하늘과 주위의 모두에게서 받은 것이라 한다. 봄에 받았던 싱싱한 힘, 여름에 받았던 엄청난 꽃과 향기, 이 모든 것이 내 능력으로 만들어 낸 것이 아니라 다 다른 데서 받은 것이라 한다. 너무나 많은 것을 그냥 받아서 많은 열매를 주렁주렁 달고 있는 것이므로 얼마든지 다시 돌려줄 수 있어야 한다는 것이다. 다시 가벼워져야 몸도 맑게 씻어지고 작고 귀한 이야기들이 밝게 보이게 된다는 것이다.

'텅 비어 가야지만 가득 차서 돌아올 수 있다'는 '허이왕 실이

귀虛而往 實而歸'의 진리를 이런 데서도 보게 된다. 어지러운 상태로 갔다가 그 마음을 깨끗하게 비우고 '난이왕 허이귀亂而往 虛而歸' 하며 돌아오는 길, 산 아래에서 돌아다보니 산은 산대로 고요하다. 산은 다시 아름다움으로 깊어져 저녁노을을 휘감고 앉아 있다.

LETTER. 12

불은 나무에서 생겨
나무를 불사른다

'불은 나무에서 생겨나 도리어 나무를 불사른다 火從木出還燒木'는 말이 있다. 『직지심체요절』에 나오는 고승 高僧 대덕의 말이다.

사람들은 처음에 나무에 막대를 비벼 불을 얻었다. 나무에서 불을 얻었으니 그 불이 꺼지지 않도록 다른 나무들을 꺾어다 계속 불에 얹었고, 그 불로 몸을 덥히고 먹을 것을 만들었다. 나무 처지에서 보면 나무에서 불이 생겼으나 그 불 때문에 모든 나무들이 땔감이 되고 수없이 불태워지게 된 것이다.

녹은 쇠에서 생겨나 쇠를 갉아먹는다. 쇠로 만들어진 것은 비길 데 없이 단단하지만 쇠를 못 쓰게 만들고 마는 것은 결국 쇠 자신에게서 생겨난다. 쇠로 만든 연모는 모든 것을 베고 쓰러뜨리고 갈아엎지만 그 자신은 정작 그의 내부에서 생긴 녹으로 스러지고 만다.

내 몸을 무너뜨리는 것도 결국은 나 자신의 내부에서 움튼다. 외부의 자극과 시련에는 꿈쩍도 않고 버티며 살아가다가도 내부에서 나를 녹슬게 만드는 것들로 끝내는 무너지고 만다. 외부의 적보다 더 무서운 것은 언제나 나의 내부에 있다.

사람들은 어떤 일을 좋아서 시작한다. 그 일을 하며 기뻐하고 삶의 기쁨과 보람도 거기서 느꼈는데 내가 좋아서 시작한 일로 결국은 괴로워하고 번뇌하는 때가 온다.

사람마다 자신의 몸에 자신 있어 하는 곳이 있다. 그러나 자신의 몸에서 가장 자신 있어 하고 자랑스러워하던 부분이 나이 들면 제일 먼저 고장 나고 병들게 된다.

사슴이 노루나 다른 짐승보다 더 멋있어 보이는 것은 화려하고 아름다운 뿔을 가졌기 때문이다. 사슴도 그렇게 크고 멋진 관을 머리에 쓰고 있는 것이 자랑스러웠을 것이다. 그러나 갑자기 맹수가 나타나 도망쳐야 할 때 넝쿨과 나뭇가지에 가장 걸리기 쉬운 것 또한 그 뿔이다. 사슴은 알고 있을까, 사냥꾼들이 그 뿔 때문에 추적의 발걸음을 멈추지 않는다는 것을.

명예를 얻고자 갖은 고초를 다 겪지만 명예를 얻고 나면 그 명예 때문에 늘 가파른 벼랑 끝에 서 있어야 한다. 권력을 얻고자 뼈가 부스러지고 살이 짓뭉개지도록 고생을 하면서도 참지만, 권력을 지키는 과정 역시 뼈를 깎고 살이 타들어 가는 듯한 삶이어서, 제 살과 남의 살로 깎아 만든 권력의 산꼭대기에서 외줄을 타듯 살아가야 한다.

살아가는 데 돈이 가장 전지전능한 물건인 것 같아서 돈을 벌기 위해 발버둥치다 돈 때문에 군데군데 벌겋게 녹이 슬어 있는 제 모습을 발견하고 씁쓸해지는 날이 있다.

사랑의 따뜻한 온기 없이는 살 수 없을 것 같았는데 사랑의 불길이 제 몸을 태우고 사랑하던 사람의 삶도 다 태워 결국 재밖에 남기지 않는다는 걸 사람들은 겪어서 안다.

그러나 또 자신을 태우는 일을 반복하게 되는 게 사람이다. 저를 태우는 것이 늘 저에게서 비롯되고 저를 녹슬게 하는 것이 저 자신에게서 비롯된다는 걸 알고도 같은 길을 걷게 된다. 그러고는 인생을 고통의 바다라고 부른다.

그 바다는 누가 만들고 있는가.

LETTER. 13

바람으로 온 것들은
바람으로 돌아가리

아침부터 바람이 분다. 나뭇잎들이 그 바람에 부대끼며 어찌할 줄 모르고 흔들린다. 키가 큰 나무, 잎이 무성한 나무일수록 더 부대끼며 몸을 가눌 수 없어 한다. 열매가 무거워 견디지 못하던 나무들은 기어코 몇 개씩을 땅에 떨군다.

몸이 크고 무게가 나가면 바람에 끄떡없이 더 잘 견딜 것 같은데 그렇지 않다. 큰 나무가 더 많이 흔들린다. 키 큰 나무의 가지가 더 잘 부러지고 열매가 많은 나무일수록 더 많은 상처를 입는다. 바람에 가장 많이 부대끼며 아우성치는 나무는 잎이 많은 나무들이다.

한 계절이 가고 한 계절이 올 때면 이렇게 바람이 분다. 한 시대가 가고 또 한 시대가 올 때면 바람이 분다. 한 사람이 가고 한 사람이 올 때도 바람이 분다. 막차는 떠나고 다시 올 열차는 깊이 잠들어 있는 밤에도 바람은 심하게 분다. 노래가 끝나고 다시 부를 노래가 떠오르지 않는 거리에는 바람 소리뿐이다.

"바람이 분다 살아야겠다."

발레리는 그렇게 노래했지만 '바람이 분다 죽고 싶다', 이렇게 치밀어오르는 밤이 있다. 바람이 불면 가지는 나뭇잎을 우수수 떨구지만, 바람이 불면 이 나이가 되도록 쌓아 온 모든 것이 다 낙엽처럼 황량한 들판 끝으로 날아가 버리고 마는 것처럼 느껴지는 저녁이 있다. 바람이 불면 나뭇잎들은 울음소리를 내지만 마음속 나무둥치는 천둥소리를 내는 것 같을 때가 있다.

그 바람이 한때는 내게 봄이 왔다고 알려 주던 바람이었다. 나뭇가지를 간질이며 어서 눈을 뜨라고 속삭이던 바람이었다. 꽃잎을 사랑스러이 어루만지며 향기를 멀리까지 실어 날라 주던 바람이었다.

푸른 잎을 윤이 나게 씻어 주던 어제 그 바람이 오늘 내 몸의 수백 개 나뭇잎을 시들게 한다. 내가 아직 깨어나지 못하고 있을 때 나를 불러 주던 바람이 오늘 내 이파리들을 버리라 한다. 바람으로 인하여 내게 온 것들은 이제 바람으로 인하여 돌아가야 한다고 말한다.

끝없이 불어오는 이 바람 속에서 살아남을 수 있는 길은 죽는 길이라 한다. 나를 버리는 길이라 한다. 내 꽃, 내 열매, 나를 풍성하게 하던 푸르른 잎들을 버리는 길이라 한다. 어제를 버리고 어제의 기억, 어제의 사랑, 어제의 기쁨, 어제까지 자랑스러워하던 이야기들을 버리고 지금 바람 부는 들판에 시든 잎을 달고 서 있는 나 자신을 가감 없이 인정하는 것이라 한다.

내가 그토록 자랑스러워하던 싱싱한 잎들이 이미 갈색으로 변해 있는 것을, 갈색의 얼굴, 황토색의 잎으로 서 있는 것을 인정하라 한다. 네가 먼저 버리고, 변하는 이 계절을 견딜 줄 알 때 너는 다시 살아남을 수 있을 것이라 한다. 처음의 네 모습, 가난하던 그 빈 가지로 돌아가라 한다.

> 헤어지자
> 상처 한 줄 네 가슴에 긋지 말고
> 조용히 돌아가자
> (…)
> 허공에 찍었던 발자국 가져가는 새처럼
> 강물에 담았던 그림자 가져가는 달빛처럼
> 흔적없이 헤어지자

오늘 또다시 떠나는 수천의 낙엽

낙엽

— 졸시 「낙엽」에서

LETTER. 14

새를 보며

아름다운 새가 징그러운 벌레를 잡아먹는 걸 볼 때가 있다. 거친 털에다 금방이라도 독을 뿜을 것만 같은 모습으로 몸부림치는 벌레를 잡아먹으려고 새는 필사적인 노력을 쏟아붓는다. 꿈틀거리는 벌레와 새의 부릿짓이 너무 처절하게 느껴질 때도 있다.

그리고 그 새는 노래 부른다. 조금 전에 징그러운 벌레를 잡아먹던 부리로 영롱한 소리를 내며 숲 속 가득 아름다운 노래를 쏟아붓는다.

고고한 몸짓으로 날아가던 새들이 물가 진흙탕에 내려 물고기를 잡아먹는 걸 볼 때가 있다. 비린 물고기로 허기를 채우기 위해 그 우아하던 날개에 온통 진흙칠을 하고 있는 다리 긴 새들. 꽉 다문 조개의 입을 벌리기 위해 부리로 여기저기 두드리거나 들었다 놓는 동안 깃털과 입가에 온통 흙탕물을 묻힌 채 분주하게 움직이는 새들. 점점 더러워지는 물가, 줄어드는 먹이, 그래도 먼 길을 가기 위해선 뻘흙을 파지 않으면 안 되는 그런 새들의 모습을 보면서 아름답다고 하지는 않는다.

그러나 먹이를 찾는 그 새들의 처절한 모습을 유심히 들여다보다 다른 생각이 든다. 소름 끼치는 털투성이 벌레를 잡아먹으면서도 새들은 저렇게 아름다운 소리를 내는구나, 온몸에 흙칠을 해 가면서도 새들은 다시 하늘로 날아오르는구나, 제 하늘 제 갈 길을 찾아가는구나, 저렇게 하면서 제 소리 제 하늘을 잃지 않고 지켜 가는구나 하는 생각이 든다.

아름다운 새들이라고 이슬만 마시거나 귀한 나무 열매만 먹으며 고고하게 사는 게 아니라 처절하게 사는구나, 그들의 그런 처절함을 보지 않고 우리는 멀리 떨어져 바라보며 그저 편한 생각, 인간 위주의 한가한 생각만을 해 왔구나 하고 말이다.

사실은 사람도 짐승도 다 그렇게 사는 게 아닌가. 생존에 대해서는 누구나 그런 뜨거운 면이 있으면서 그걸 못 본 체 안 본 체 외면하며 사는 때는 없는가.

물론 저 먹을 먹이만을 찾기 위해 혈안이 되어 산으로 들로 뛰어다니는 짐승도 있다. 제 한 목숨 지탱하는 일만을 위해 약한 자를 짓밟고 착취하는 사람들도 있다. 생존의 최고 가치는 약육강식일 뿐이라고 믿는 사람도 많다. 그런 탐욕스러움만으로 살아가는 사람과 짐승이 있다.

그러나 있는 힘을 다해 먹이를 찾고 그 힘으로 다시 아름다운 소리를 숲에 되돌려 주는 새처럼, 힘찬 날갯짓으로 하늘에 가득한 새처럼 그렇게 살아가는 사람들도 있다.

그래서 땀 흘려 일하고 그 건강한 팔뚝으로 인간다움을 지켜 나가는 사람들은 아름답다. 성실히 최선을 다해 일하고 나서도 제 빛깔 제 향기를 지니는 사람은 훌륭해 보인다. 궂은 일, 험한 일을 마다하지 않고 고생스럽게 일하면서도 자상한 엄마와 따뜻한 아빠로 돌아와 있는 이들의 모습은 존경스럽다. 거기에 여유와 나눔과 음악 한 소절이 깃들어 있는 광경을 상상해 보는 일은 그 자체만으로도 즐겁다.

그래서 오늘 똑같은 그 새들이 다르게 보인다. 아니, 똑같은 그 새들을 다르게 본다.

LETTER. 15

모두들 어디로 돌아갔을까

 아침부터 비바람이 나뭇가지를 흔든다. 몇 개 남아 있던 꽃잎이 아침 바람에 다 지겠다. 흙에서 나서 꽃을 피우고 그 꽃 진 자리에 다시 잎이 나고 잎새 사이로 열매 맺혔다 그 열매 떨어지고 나면 잎도 따라 다시 흙으로 돌아간다.

 배용균 감독 영화 〈달마가 동쪽으로 간 까닭은〉은 생명을 가진 것들의 생장과 소멸 과정을 흙, 물, 불, 바람의 이미지에 실어 아주 잘 보여 준다. 흙에서 태어나 물을 마시며 바람 속에 살다 불에 타 한 줌 가루가 되어 물에 흘러가거나 땅에 뿌려지는 우리 삶의 전 과정을 말없는 장면 장면들로 보여 준다.

 그렇게 재가 되어 생을 마감하는 것을 우리나라 사람들은 '돌아간다'고 한다. 원래 온 자리로 간다는 뜻이다. 생각해 보면 이

말 속에는 많은 뜻이 담겨 있다. '끝났다'라는 말이 갖고 있는 단절성, 그 말의 의미와도 다르고, '죽었다'라는 말이 갖는 허무감과도 다르다. '돌아갔다'라는 말은 왔던 자리로 다시 갔다는 순환의 의미와 끝나지 않고 다시 이어지는 윤회의 뜻을 지니고 있다.

『반야심경』에 '불생불멸不生不滅'이라는 말이 있다. 나는 것도 아니고 없어지는 것도 아니라는 뜻이다. 사람이든 물건이든 모든 것은 그 자체로서 생겨나는 것이 아니라 다른 것, 즉 인연에 의해 생겨났다가 인연에 의해 없어진다는 것이다. 인연이 합쳐질 때가 생이고 인연이 떠날 때가 멸이므로 생도 없고 멸도 없다는 것이다.

이것을 '부증불감不增不減'이라고도 한다. 더해지는 것도 아니고 덜해지는 것도 아니라는 말이다. 사람이 생겨나면 증이고 죽으면 감일 텐데, 실은 죽었다고 해서 멸하거나 감하는 것도 아니라는 얘기다. 어떤 이들은 그것을 형태는 변해도 본질 자체는 변함과 증감이 없는 것이라고 말한다.

화학에서 이야기하는 질량보존의 법칙으로 이것을 설명하는 사람도 있다. 즉 화학반응의 전후에 서로 작용하는 원물질을 구성하는 성분은 모두 생성물질을 구성하는 성분으로 변할 뿐이며, 물질이 소멸하거나 또는 무無에서 물질이 생기거나 하는 일은 없다는 것이다. 프랑스의 화학자 A. L. 라부아지에가 발견한 이 법칙은 일찍이 성철 스님이 불교 철학으로 체계화하여 가르쳐 왔다.

얼음이 물이 되고 물이 얼음이 되어도 형태만 다를 뿐 질량은 같으며, 얼음이 녹고 나중에 수증기가 되어 허공에 흩어져도 액체가 기체로 형태만 달라졌을 뿐 질량은 불변한다는 것이다. 마찬가지로 종이가 불에 타 재가 되어 날아가도 형태가 고체에서 기체로 바뀐 것일 뿐 질량은 불변하며, 사람의 삶과 죽음도 형체만 달라질 뿐 본질은 변한 것이 아니며, 생도 멸도 시작도 끝도 없다는 것이다. 그래서 다만 '돌아갔다'고 표현하는지 모르겠다.

그래서 그런지 바닷물의 부피는 언제나 부증불감한다. 수백 수천의 강물이 끊임없이 흘러들어도 그 바닷물의 부피가 늘거나 줄어들거나 하는 적이 없다. 신기한 일이다.

바닷물은 어디로 돌아갔을까.

LETTER. 16

자기 이미지는
자기를 가두는 감옥이다

이미지란 어떤 대상을 대하였을 때 마음속에 떠오르는 영상, 심상을 말한다. C. D. 루이스는 이미지를 '말로 만들어진 그림'이라고 했다. 시에서는 이런 이미지를 중시하여 어떤 시를 읽었을 때 머릿속에 시인이 표현하고자 한 이미지가 선명하게 떠오르도록 형상화한 시를 좋은 시라고 한다.

조지훈 시인은 「여운」이라는 시에서 달빛에 젖어 있는 탑의 모습을 보고 "물에서 갓 나온 여인이 옷 입기 전 한때를 잠깐 돌아선 모습"이라고 아름답게 표현하여 달빛에 비친 탑의 모습을 시각적으로 그려 낸 바 있다. 그리고 그 탑 위로 숲의 나무 그림자가 바람에 흔들리는 장면을 "검푸른 숲 그림자가 흔들릴 때마다 머리채는 부드러운 어깨 위에 출렁인다"고 묘사했다. 그야말로

'말로 만들어진 그림'이란 게 이런 것이구나 하는 생각이 드는 시적 표현이다.

문학에서뿐만 아니라 사람들은 저마다 '어떤 사람'이라는 자기 이미지를 가지고 있다. 또 저마다 자기가 이상형으로 생각하고 아름답게 느끼는 어떤 모습의 사람이 되고 싶어 그런 사람의 이미지를 은연중에 모방하게 된다. 그런 노력이 성공해서 나름의 빛깔과 개성을 지닌 사람이 되기도 한다.

사람들이 저마다 가지고 있는 습관과 태도, 말씨, 인생관 등은 자기가 좋아하는 어떤 사람의 모습을 모방하면서 몸에 밴 것이 많다고 한다. 이미지의 형성 과정을 교육에 긍정적으로 활용하여 어려서부터 정말로 존경할 만한 인물을 갖게 하고 그런 사람이 될 수 있도록 키우는 일은 일찍부터 중요하게 여겨져 왔다.

그러나 오늘날처럼 존경할 만한 인물을 갖는 일보다 쉽게 좋아하고 쉽게 싫증 내는 일에 익숙해져 있는 사회에서는 자기 이미지를 정립하는 일이 혼란스러울 뿐만 아니라, 이미지 형성 과정이 환상을 갖는 일과 동일시되거나 겉만 그럴싸한 허영의 탑을 수없이 쌓고 부수는 일로 떨어지는 경우도 많다.

그중에서도 특히 경계할 일은 남에게 내가 어떻게 보여져야 할까를 늘 염려하여 그것에만 매달리는 일이다. 살아오는 동안 형성된 자기 모습. 자신에 대해 남들이 알고 있고 이야기하는 것만 의식하면서 거기에 끌려다니다가 진정한 자기 모습을 잃고 마는 경우도 많다.

부족한 부분과 모자란 구석도 있으며 실수할 때도 있는 게 사람이다. 그런데 타인이 갖고 있을 자기 이미지에 구속되어 완벽성만을 갖추려고 무리하게 매달리다 인생 자체를 너무 힘들게 사는 사람들도 많다.

최근에 나도 정신과 의사 양창순 씨가 쓴 에세이를 읽으며 나 자신이 이런 자기 이미지에 갇혀 있었구나 하는 반성을 많이 하게 되었다.

사람 속에는 내가 제일 잘 알고 있듯이 '좋은 나 good me'와 '나쁜 나 bad me'가 항상 뒤섞여 있는 것인데, 어느 한쪽만을 남에게 보이며 그게 나의 전부인 것처럼 여기게 하며 사는 일은 얼마나 힘에 겨운가.

자기 이미지의 감옥에서 벗어나 솔직하고 여유 있는 모습으로 살면서 자신을 잃지 않고 진정한 자기 모습을 찾아가는 일이야말로 자기완성의 바른 길일 것이다.

CHAPTER 2

벼랑 끝에서도 희망은 있다

바위에 붙어 피는 꽃이 있다. 참 신기한 일이다.

기름진 흙에 뿌리를 박은 것도 아니고

물도 제대로 공급받을 수 없는 바위에다 뿌리를 걸친 채

잎을 키우고 줄기를 뻗고 꽃을 피워 낸다는 것은

그야말로 무에서 유를 창조해 내는 일이다.

절망에서 희망을 꽃피우는 일에 다름 아니다.

LETTER. 17

그때 그 도마뱀은
무슨 표정을 지었을까

일본 도쿄올림픽 때, 스타디움 확장을 위해 지은 지 3년 되는 집을 헐게 되었다. 인부들이 지붕을 벗기려는데 꼬리 쪽에 못이 박힌 채 벽에서 움직이지 못하는 도마뱀 한 마리가 몸부림을 치고 있는 것이었다.

3년 동안 도마뱀이 못 박힌 벽에서 움직이지 못했는데도 죽지 않고 살아 있다는 것은 참으로 신기한 일이었다. 사람들은 까닭을 알기 위해 철거 공사를 중단하고 사흘 동안 도마뱀을 지켜보았다. 그랬더니 하루에도 몇 번씩 다른 도마뱀 한 마리가 먹이를 물어다 주는 것이었다.

이 두 도마뱀은 어떤 사이였을까?

물론 우리는 알 수 없다. 부모와 새끼의 관계일 수도 있고 서로 사랑하는 사이일 수도 있고 그저 한곳에 모여 살던 동료일 수도 있으리라.

그러나 우리는 상상해 본다. 오래전부터 그곳에 살아오던 도마뱀 동네에 언제부터인가 사람들이 들어와 땅을 파헤치고 나무를 베어 내고 요란한 기계 소리를 내며 어마어마한 자기들의 집을 짓기 시작했을 것이다.

땅이 파헤쳐지고 숲이 무너지면서 죽어 간 도마뱀도 많았으리라. 도마뱀만이 아니라 들쥐도 다람쥐도 지렁이와 개미도 죽거나 다치고, 밤낮 없는 기계 소리에 놀라 멀리 떠나 버린 도마뱀들도 있고 둥지를 잃은 새들도 있었을 것이다.

그러나 떠날 수 없는 도마뱀과 개구리와 잠자리들도 있었을 것이다. 돌아다녀 봐도 너무나 어마어마한 땅이 다 뒤집혀져서 어쩔 수 없이 그 근처 어디에 몸을 숨겨 살아야 했을지도 모른다.

아마 그 도마뱀도 그런 무리 중의 하나였으리라. 불안과 공포 속에서 그래도 숨어 살 데를 찾아 여기저기 돌아다니다 그만 꼬리가 못에 박히는 끔찍한 경우를 당하게 되었을 것이다.

그 도마뱀은 얼마나 몸부림쳤을까. 몸부림칠 때마다 살을 찔러 오는 고통은 또 얼마나 컸을까. 그 고통으로 몸부림치는 모습을 옆에서 지켜보는 다른 도마뱀은 또 얼마나 마음이 아팠을까.

하루 이틀 닷새 꼬리가 못에 박힌 도마뱀은 오직 살기 위해 몸부림을 쳤을 테고 옆에서 그 아픔을 다만 지켜볼 수밖에 없는 도마뱀은 어쩌지 못한 채 애만 태우고 있었으리라. 말도 할 수 없는 이 미물들은 오직 눈짓과 표정과 몸짓만으로 서로를 쳐다보고 마음을 나누었으리라.

도마뱀은 원래 사람 손에 꼬리가 잡히면 그 꼬리를 잘라 버리고 도망치는 파충류인데 아마 꼬리를 잘라 버릴 수 있는 상황도 못 되었던 게 분명하다. 죽을래야 죽을 수도 없는 상황이었을 것이다.

그러나 참으로 훌륭한 것은 바로 곁에 있던 도마뱀이다. 사랑하는 도마뱀이 고통받는 모습을 바라보면서 그 도마뱀이 살아 보려고 몸부림치다 절망할 때 어딘가로 가서 먹을 것을 물어 왔다. 그리고 입으로 건네주면서 무슨 표정을 지었을까. 절망하지 말라고, 살아야 한다고 말은 할 수 없었겠지만 어떤 눈짓, 어떤 표정이었을까.

못에 꼬리가 박힌 도마뱀은 어쩌면 고통과 절망 속에서 처음엔 먹을 것을 거부하며 팽개쳐 버렸을지도 모른다. 그러나 다시 또 어딘가로 가서 먹을 것을 구해다 입에 넣어 주는 그 도마뱀을 보면서, 너를 버릴 수 없다는 그 표정, 나만 살기 위해 네 곁을 떠날 수 없다는 그 몸짓, 그걸 믿으면서 운명과 생의 욕구를 받아들이면서 얼마나 가슴 저렸을까.

그렇게 하루에도 몇 번씩 위험을 무릅쓰고 먹을 것을 구해다 주면서 함께 살아온 지 3년. 그 도마뱀은 못을 박았던 사람들에 의해서 다시 자유의 몸이 될 수 있었다.

어두운 지붕 밑에서 두 도마뱀은 함께 사랑하고 함께 고통을 나누고 고통 속에서 서로 안고 잠이 들곤 하였을 것이다.

그 3년은 얼마나 길었을까.

LETTER. 18

눈물 흘려 본 사람은
남의 눈물을 닦아 줄 줄 안다

 아버지가 편찮으셔서 병원에 계시는 며칠 동안 병원 복도에 꽂혀 있는 얇은 책 두어 권을 가져다 읽었다. 거기서 읽은 짧은 글들 중에 오래도록 지워지지 않는 글이 하나 있다. 강아지를 팔러 나온 어떤 사람의 이야기다.

 시장에 강아지 몇 마리를 가지고 나와 앉아 있는데 남자아이가 다가와 강아지를 사겠다고 했다. 그 아이는 강아지값을 물어보곤 제가 가지고 있는 돈과 견주어 보기도 하고 여러 마리를 살 수 있는지 물어보기도 하다가 그중 한 마리를 사겠다고 했다. 그 아이가 사겠다고 하는 강아지는 다리 하나를 못 쓰는 강아지였다.
 강아지 주인은 그 아이에게 이 강아지는 한쪽 다리를 쓰지 못하니 이왕이면 다른 강아지를 사는 게 어떻겠느냐고 권하였다. 그러나 그 아이는 굳이 한쪽 다리를 못 쓰는 강아지를 사겠다고 하는 것이었다. 강아지 주인은 할 수 없이 한쪽 다리가 불구인 강아지를 그 아이에게 팔았다.

아주 좋아라 하며 강아지를 품에 안고 일어서서 걸어가는 아이를 바라보다가 강아지 주인은 가슴을 진하게 때리는 광경을 보았다. 그 아이 역시 한쪽 다리가 온전치 못했던 것이다.

한쪽 다리가 불구인 강아지를 안고 다리를 절며 걸어가는 한 소년의 모습이 오랫동안 내 머릿속을 떠나지 않았다.

소년은 왜 불구인 강아지를 굳이 사려고 했을까. 동정심 때문이었을까. 가여워 보여서였을까. 동병상련의 마음 때문이었을까. 그중 어느 하나일 수도 있고 그런 마음 전부일 수도 있으리라.

그러나 나는 무엇보다도 그 강아지에 대한 깊은 이해와 사랑의 마음이 컸을 거라고 생각한다. 한쪽 다리를 쓰지 못하는 강아지의 처지를 누구보다도 잘 알고 있고 그것이 얼마나 불편하며 어떤 도움이 필요한지, 그러나 서로를 이해해 주는 사람을 만나면 얼마나 기쁘게 살아갈 수 있는지 그런 것을 소년은 알고 있었을 것이다.

그렇게 이해해 주고 편하게 지낼 수 있는 사람을 만나지 못하면 얼마나 힘든지, 얼마나 편견에 시달려야 하는지 소년은 알고 있었으리라. 사람들의 잘못된 선입관이 다리 한쪽이 불편한 것보다 훨씬 더 견디기 힘들다는 것을 소년은 알고 있었으리라.

다른 사람에게 팔려 갔으면 천덕꾸러기가 됐을 강아지는 그 소년을 만나서 얼마나 행복했을까. 연민이나 값싼 동정이 아닌 마음 깊은 곳에서 우러난 이해와 사랑. 그런 감정이 소년과 강아지 사이에 오갔으리라. 더할 수 없이 귀한 만남으로 더할 수 없이 따스한 마음이 둘 사이에 오갔을 것이다.

남을 도울 줄 아는 사람은 인생이 무엇인지 아는 사람들이다. 남에게 베풀 줄 아는 사람은 고생을 알고 가난을 알고 삶의 고통이 무엇인지를 아는 사람이다. 자기의 아픔 때문에 눈물 흘려 본 사람은 남이 흘리는 눈물을 닦아 줄 줄도 안다.

많이 알고 많이 가진 사람이 큰사람이 아니다. 내가 겪은 고통으로 남이 겪는 고통을 아는 사람, 내가 아파 보았기 때문에 남의 아픔을 나누어 가지려는 사람이 큰사람이다.

LETTER. 19

벼랑 끝에서도
희망은 있다

바위에 붙어 피는 꽃이 있다. 참 신기한 일이다. 흙 한 줌 없는 곳에 어떻게 뿌리를 내리는지 가상한 일이 아닐 수 없다. 돌덩이 위에서 어떻게 꽃을 피울 수 있는지 놀랍기도 하다. 한라산 정상의 바위에 핀다는 돌매화가 그런 꽃이다. 백두산 바위틈에 산다는 노란 바위돌꽃도 그런 꽃이다. 기름진 흙에 뿌리를 박은 것도 아니고 물도 제대로 공급받을 수 없는 바위에다 뿌리를 걸친 채 잎을 키우고 줄기를 뻗고 꽃을 피워 낸다는 것은 그야말로 무에서 유를 창조해 내는 일이다. 절망에서 희망을 꽃피우는 일에 다름 아니다.

시를 쓴다는 일도 그와 같은 게 아닌가 하는 생각이 들곤 한다. 깜깜한 어둠의 나무판 위에 칼질을 해서 밝은 햇살 하나씩 새겨

넣는 일, 앞이 전혀 보이지 않는 들판에서 더듬거리며 논둑길을 찾아가는 일, 절망의 바위 위에 희망의 들꽃 한 송이 피워 올리는 일, 그런 게 아닌가 싶다.

10여 년 전에 「암병동」이라는 시를 쓰면서 이런 말을 한 적이 있다.

> 희망이 있는 싸움은 행복하여라
> 믿음이 있는 싸움은 행복하여라
> 온 세상이 암울한 어둠뿐일 때도
> 우리는 온몸 던져 싸우거늘
> 희망이 있는 싸움은 진실로 행복하여라

시한부 삶을 사는 암환자들만 모여 있는 암병동에서 나는 절망 속으로 던져지면 오히려 그 절망에서 벗어나려고 몸부림치는 게 인간이라는 것을 알았다. 주위에 서서 그 절망에 일찌감치 주눅 들어 있는 사람들과 달리 당사자들은 끝까지 삶에 대한 희망을 포기하지 않고 죽음과 맞서 싸우는 모습을 보았다. 살아나려고 더 강하게 몸부림치는 모습. 그게 본능이다. 그게 사람이다. 사람은 그렇게 살게 되어 있는 존재다.

그래서 그 생각을 했던 것이다. 절망뿐인 상황에서도 살아나려고 몸부림치게 되어 있는 게 사람이라면 희망이 있는 싸움은 얼마나 해볼 만한 싸움이겠는가. 살아 있는 동안 희망이 있어서 그 희망을 갖고 싸울 수 있는 싸움이라면 얼마든지 해볼 수 있는 싸움이 아니겠는가 하는 생각 말이다.

바위벼랑에 줄기를 올리고 가지를 뻗어 세운 나무를 보면서도 그 생각을 했다.

벼랑 끝에서도 희망은 있는 것이다
어떤 경우에라도 희망은 있는 것이다

함께 바람에 날려가다가 어떤 씨앗은 기름진 땅에도 떨어지고 어떤 씨앗은 잘 가꾸어진 숲에도 떨어지는데 바위 위에 떨어진 씨앗의 마음은 어떠하였을까를 생각해 보았다. 절망이라고밖에 달리 더 표현할 말이 없었을 것이다. 그러나 흙 한 톨 없고 물 한 방울 없는 곳에서 절망하지 않고, 남아 있는 자기 내부의 온 생명을 다해 최초로 실핏줄 같은 뿌리를 내렸을 때의 그 아득한 시간을 생각해 보았다. 이 세상에는

가장 험한 곳에 목숨을 던져서

가장 아름답게 빛나는 것이 있는 것이다

그런 생각을 하게 되었던 것이다. 「상선암에서」라는 시를 그렇게 썼다.

나는 이 세상이 절망이라고 말하는 사람의 말에 동의한다. "이 나라 이 시대 이 더러운 세상을 향해 정말이지 희망은 없다"고 내뱉는 말에도 고개를 끄덕인다. "잔치는 끝났다"는 말에도 동의하고 세기말이라 단정하며 우울한 언어로 위악적인 포즈를 취하는 모습에도 동의한다. 그렇게밖에 말할 수 없는 심정들을 이해하고도 남음이 있다.

그러나 그렇기 때문에 나는 다시 희망을 이야기한다. 바로 그렇기 때문에 희망을 버리지 못한다. 애당초 이 세상이 밝고 전도양양하며 앞날에 대한 희망으로 많은 이들이 가슴 뜨거워하며 살고 있다면 나는 다른 이야기를 했을 것이다.

그러나 이 세상이 꽝꽝 얼어붙었으므로 나는 다시 사람들에게 푸르른 날에 대해 이야기한다. 모두들 너무 가볍게 옷을 갈아입고 말을 바꿔 타고 있으므로 이파리 몇 개를 차마 다 떨구지 못하고 서 있는 겨울나무를 바라본다. 살아 있기 때문에 살아 있는 동안은 버릴 수 없는 기다림 같은 것을 노래한다.

   시는 나에게 그런 길찾기이며 희망찾기이다. 살아 있다는 최소한의 증거이며 표시이다.

LETTER. 20

코스모스꽃 피면
누나 생각 납니다

요즘에는 큰길가에서 코스모스꽃을 보기가 쉽지 않다. 국도에서 조금 벗어난 시골길로 나가야 겨우 볼 수 있다. 코스모스는 늦여름부터 초가을 사이에 피기 시작한다. 길가에 코스모스가 피는 걸 보면서 이제 그토록 뜨겁던 여름도 물러가겠구나 하는 생각, 일종의 안도감 같은 것을 느끼곤 한다. 코스모스가 피기 시작해야 비로소 가을이 오고 있구나 생각하게 된다.

여름이 더워서 견디기 힘든 탓도 있지만 뜨겁게 부대끼며 살아야 하는 사람살이와 치열한 몸부딪침으로 힘겨워하다가, 그 열기도 조금 식혀 가며 삶의 속도도 한 박자 늦춰 가며 정신을 차리게 하는 계절이 초가을인 것 같다.

그렇게 여유를 갖고 자신을 되돌아보고자 하는 마음 곁에 코스모스는 피어서 흔들린다. 작은 바람에도 흔들리는 가녀린 자태와 꽃 모양에서 느껴지는 다소곳함, 코스모스는 그런 느낌을 우리에게 준다. 「감자꽃」의 동요 시인 권태응 선생은 그런 코스모스꽃을 보면서 이렇게 노래했다.

> 코스모스꽃 피면
> 누나 생각 납니다
>
> 시집간 누나 별명
> 코스모스였어요
> ―「코스모스」 전문

짧고 평범하기 이를 데 없는 동시다. 이 동시를 보며 사람들은 별 감동을 느끼지 못할 수도 있다. 그러나 나는 이 동시를 처음 읽었을 때 한참이나 다음 장을 넘기지 못하고 있었다. 가을바람에 하늘하늘 흔들리는 여린 코스모스. 그 꽃을 보다가 이 시 속에서 말하는 이는 누나를 떠올렸다. 그 누나는 별명이 코스모스였다고 했다.

그 누나는 어떤 누나였을까.

코스모스꽃처럼 가냘프고 여린 누나일 수도 있을 것이다. 생긴 것처럼 마음씨도 여리고 고운 누나였으리라. 코스모스꽃처럼 화려하지 않고 소박하고 착한 누나였으리라. 도시에서 자라 약을 대로 약은 영악한 소녀가 아닌 순박한 시골 처녀였을 것이다. 어린 나이에 시집간 앳된 누나였는지도 모른다. 무엇보다도 욕심 없고 너무 큰 것은 바라지 않는, 그래서 순박하기 이를 데 없는 우리 이웃의 누나였으리라.

코스모스꽃을 보면 그런 누나 생각이 난다는 것이다. 달리 말하면 코스모스는 바로 그런 순박한 느낌을 주는 꽃이라는 것이다.

권태응 선생이 그렇게 노래했던 아름다운 꽃이 우리 주위에서 사라지고 눈에 안 띄는 먼 시골로 밀려나고 있다. 내가 듣기로는 서울올림픽 때 이 나라 모든 국도변에서 코스모스를 뽑아내고 개량 해바라기에 속하는 주황색 꽃으로 바꾸었다고 한다. 그러니까 지금 우리가 다니는 길가에서 흔히 보는 그 꽃이 코스모스를 몰아내고 자리 잡은 꽃인 것이다. 외국인들에게 잘 보이기 위해 바꾼 것인지는 모르지만 나는 여간 서운한 게 아니다.

어려서 시골에서 자라 그런지 코스모스, 과꽃, 채송화, 분꽃, 봉숭아 같은 꽃을 보면 그냥 꽃으로 보이는 게 아니라 거기에 뭔지 모를 애틋함과 연민, 한 마당에서 함께 살던 식구 같은 정감을

느끼게 된다.

그 속에는 가난하지만 가난함을 모르고 뛰놀던 어린 시절 마을 친구들과, 이해타산과 손익계산을 크게 상관 않고 한 덩어리로 뒹굴던 동기간들과, 손톱에 봉숭아 꽃잎을 짓이겨 봉숭아 잎으로 싸서 물들이고 잠들던 늦여름밤의 싸아한 공기와, 고개를 돌리며 돌리며 두고 떠나온 고향집 뜨락이 있다. 가 봐야지 가 봐야지 하면서도 자주 가지 못하는 옛집과 나무 울타리가 있다.

평상시에는 사는 일로 바빠서 잊고 지내다 어느 날 불현듯 꿈속에서 너무도 선명하게 보이는 마을 풍경과 뒷동산으로 가는 길, 마을 허리를 잔잔하게 감아 돌던 저녁 연기와 밥 먹으라고 소리쳐 부르는 어머니의 정겨운 목소리가 있다.

"고향 땅이 여기서 얼마나 되나. 푸른 하늘 끝 닿은 저기가 거긴가."

"올해도 과꽃이 피었습니다. 꽃밭 가득 예쁘게 피었습니다. 누나는 과꽃을 좋아했지요. 꽃이 피면 꽃밭에서 아주 살았죠."

이렇게 웅얼거리며 어디까지는 생각나다 어디서부터는 잘 안 이어지다 하는 그런 노래들이 살아 있다. 마음은 안 그런데 살면서 자꾸 멀어져 가는 고향의 느낌, 고향의 정취가 풋풋하게 배어 있다. 큰 욕심 안 부리고 살던 우리 어린 시절이 아리고 아프게 배어 있다.

  어린 시절 울타리 옆이나 마당가에, 화단에 가득 피어 있던 꽃들은 점점 우리 주위에서 사라져 가고 먼 변두리로 밀려나 있다. 그리고 지금 우리 곁에는 그런 꽃보다 더 화려하고 화사하며 아름다운 꽃 무더기가 널려 있다. 그러나 과꽃, 채송화, 분꽃, 봉숭아, 코스모스같이 소박하고 보잘것없는 꽃들에 자꾸 눈이 가는 것은 우리가 잊게 되는 것이 비단 그런 꽃만이 아니라 우리들의 소박한 삶, 꾸밈 없고 욕심 없이 살던 삶의 모습 때문인지도 모르겠다.

LETTER. 21

어느 젊은 미결수에 대한 추억

그를 만난 것은 해바라기가 노랗게 피는 감옥 안에서였다. 그는 어린 학생들의 돈을 빼앗고 남의 집에 들어가 물건을 훔치곤 하다가 거기 들어와 있었다. 부모님은 안 계시고 가난한 큰아버지 댁에 얹혀살면서 구박도 많이 받았다. 어릴 때부터 농약 먹고 죽은 큰형의 모습을 보아야 했고 이 세상 어느 곳 하나 마음 기댈 곳 없는 젊은이였다.

어찌어찌하다 나와 본 도시의 뒷골목을 전전하다가 만화방에서 비슷한 처지의 젊은이들을 만났다. 그들을 따라다니며 처음으로 소속감이나 또래 의식 같은 것도 느껴 보았다. 그리고 불안과 두려움 속에서 그들이 시키는 대로 남의 것을 빼앗는 일에 손대기 시작했다.

이 세상에서 자신이 가장 못났다고 생각했는데 밤거리에서 자기를 보고 무서워하며 벌벌 떠는 학생들을 만났을 때 그는 잘못된 이상한 희열 같은 것을 느끼기도 했다. 그러나 그런 일이 발각되어 특수강도라는 이름의 죄인으로 감옥에 갇히자, 그는 다시 옛날의 힘없고 약한 모습의 젊은이가 되었다.

어느 날 그는 초등학교밖에 나오지 못했고 그래서 신문조차 읽을 수 없는 자신의 처지를 한탄하며 내게 한자를 가르쳐 줄 수 있겠느냐고 조심스럽게 청해 왔다. 자신의 이야기를 들어주는 사람을 만난 것에 기뻐하는 그를 보며 나는 기꺼이 그의 청에 응해 주었다.

나 역시 감옥 안에 갇혀 있는 처지라 그를 가르쳐 줄 수 있는 책도 필기도구도 아무것도 없었다. 나는 문인이었지만 집필이 허용되지 않아 볼펜 한 자루 종이 한 장 얻을 수 없었다.

그러나 학교에서 학생들을 가르쳤던 한문 교과서의 한 단원 한 단원을 떠올렸고 하루 종일 앉아서 골똘히 생각한 덕분인지 신기하게도 교과서 내용이 차례차례 떠올랐다. 공책도 연필도 구할 수 없는 대신 만년노트 두 개를 구해 한문 공부를 시작했다. 만년노트란 진짜 공책이 아니고 기름을 먹인 판에다 비닐을 씌워 그걸 뾰족한 플라스틱 막대로 누르면 글씨가 되고 비닐을 들면 글씨가 지워지는 기구였다.

죄수가 죄수에게 무얼 가르치고 배우고 하며 앉아 있는 꼴이 다른 재소자나 교도관들에겐 참 꼴불견이었을지 모른다. 강간, 절도, 사기죄를 지은 사람들 사이에 섞여 앉아 "다 썼냐?" "다시 써 봐. 이렇게" 이러고 앉아 있는 게 한마디로 '꼴값하고 있네' 소리가 저절로 나오는 일이었을지도 모른다.

그러거나 말거나 우리는 매일 한문 공부를 하였다. 한문 공부도 공부지만 순하고 천진한 심성을 자주 만나는 것이 내게는 무엇보다도 가슴 뿌듯한 일이었다.

물론 그에게 그런 심성만 있는 건 아니었다. 자신을 종처럼 부리고 인간 이하로 모멸하는 같은 방에 있는 포악한 다른 죄수를 보며 그가 면회하러 나가거나 없을 때면 창살 밑의 벽에 대고 칫솔 손잡이를 뾰족하게 갈기도 했다. 비록 힘에 눌려 온갖 모욕을 당하고 있지만 여차하면 그 칫솔 끝으로 찔러 버리고 말겠다는 살의를 내비치기도 했던 것이다.

5년 구형을 받았다가 다행히 집행유예로 풀려날 때까지 그는 아침저녁으로 쓰고 외우고 또 자주 잊어버려 겸연쩍어하면서도 열심히 배웠다. 출옥 후 몇 번인가 우리 사무실에 다녀갔다는 이야기를 들었으나 바쁘게 사는 때문인지 그 뒤로 그 젊은이를 만나지는 못했다.

  이 사회에서 극단적으로 겪어 온 소외감을 증오와 저주로 쏟아 버린 지존파의 모습을 보며 사람들은 우리 사회가 어쩌다 이 지경이 되었을까 하고 탄식하는 소리를 많이 한다. 그러나 우리 사회에서 그런 젊은이들이 해마다 끊임없이 생겨나고 있는 동안 우리는 무엇을 했을까.

  가정에서, 사회에서, 학교에서, 종교단체에서, 나라에서, 단 한 번만이라도 손을 잡아 주는 이가 있었다면 그들은 거기까지 가지 않았을 것이다.

LETTER. 22

나는 여인을 등에서 내려놓았는데
그대는 아직도 업고 있구려

며칠 전 일이다. 매월 첫째 주 월요일에 하는 월례문학 합평회가 있었다. 후배 시인의 첫 시집에 대한 발제와 종합토론이 두 시간 넘도록 진지하게 진행되었다.

토론이 끝나고 술자리로 장소를 옮긴 글쟁이들은 으레 그렇듯 자정 가까이 되어서야 2차 모임을 끝낼 수 있었다. 거기서 또 우물쭈물하다가는 밤새우기 십상인지라 서둘러 인사를 하고 빠져나왔다. 나오다 보니까 같은 방향은 ㅅ 시인과 나 둘이었다.

같이 택시를 탄 ㅅ 시인은 우리 모임의 유일한 여성 회원이었다. 워낙 술을 못하는 사람인지라 몇 잔밖에 안 마셨는데도 약간 취기가 있어 보였다.

집까지 바래다줄까 어쩔까 고민하다가 괜찮겠느냐고 물었더니 걱정 말라고 한다. 택시비를 내려는 손을 만류하고 집 근처 네거리 신호등 앞에서 내려 준 뒤 택시 뒷유리창으로 돌아다보니 걸음이 약간 비틀거려 보였다.

다음 날 시창작교실 강의가 끝나고 점심을 먹는 자리에 마침 ㅅ 시인도 함께하게 되었다. 거기 모인 사람들과 한참 이야기를 하다가 ㅅ 시인이 어제 있었던 이야기를 꺼냈다.

집으로 가는 길에 치한을 만났다는 것이다. ㅅ 시인의 집은 여관 골목을 지나 주택가 쪽으로 있는데, 한밤중에 술 취해 여관 골목으로 오는 모습을 웬 승용차 한 대가 지켜보더니 자기가 오른쪽으로 가려면 그쪽으로 길을 막고, 왼쪽으로 가려면 또 그쪽으로 길을 막더란다.

아차 싶어서 바짝 긴장을 하는데 한 사내가 차에서 내리더니 저벅저벅 가까이 다가오더란다. 너무 겁이 나고 두려워 어쩔 줄 몰라 하다가 가방 속에서 염주 다발을 꺼내 소리를 지르며 막 휘둘러 댔다고 한다. 그 염주는 16년째 가지고 다니던 아주 긴 염주였고 정이 들 대로 든 염주였다고 한다. 그의 입산에서 하산까지 삶의 얼룩이 그대로 배어 있는 염주이기도 했다.

얼마나 세차게 휘두르며 치한을 때려 댔던지 염주 알은 끊어져 사방으로 흩어졌고, 치한은 놀라 차도 거기 그냥 둔 채 달아나 버렸다는 것이다.

이야기를 시작할 때 긴장했던 사람들이 그 대목에 이르자 박장 대소하며 웃음을 터뜨렸다. ㅅ 시인이 염주를 휘두르면서 지른 소리는 "사람 살려!"가 아니라 불경의 주문이었기 때문에 치한도 이게 무슨 소린가 하고 놀랐을 것이라는 거였다.

그런데 이상한 것은 아침에 염주 알을 찾으러 그 자리에 가 보았더니 하나도 보이지 않더라는 것이다. 그 말을 들으며 안쓰러워 어쩔 줄 몰라 하는 주위 사람들과는 다르게 ㅅ 시인은 "본래 내 것이란 아무것도 없는 건데요, 뭐" 한다.

거친 세파에 던져진 환속 시인에게 속세란 이런 것이다 하는 깨우침을 주기 위해 제 몸을 던져 위험을 막아 주고는 흔적 없이 사라진 염주. ㅅ 시인의 16년 손때가 묻은 염주를 생각하다 실은 나 자신에 대한 크나큰 부끄러움에 얼굴 들기가 민망했다.

그날 밤 어떻게 할까 망설일 때 집까지 바래다주었어야 옳았다. 그러나 내가 부끄러워하는 것은 집까지 바래다주지 않은 것이 아니라, 나만 아는 그때의 내 좁은 생각이다.

집까지 바래다줄까 말까 망설이며 갈등할 때 난 무슨 생각을 했는가 하면 '집이 여관 골목을 지나 있는데…… 이 밤늦은 시각에 비틀거리는 여자와 나란히 여관 불빛 아래를 지나…… 이 좁은 바닥에서 그것 참 오해받기 딱 좋겠구나' 하는 생각을 했던 것이다. 염주 알만도 못한 잘디잔 속 좁은 생각이었다.

  옛날 두 선객이 길을 걷고 있었다. 마침 소나기가 내린 뒤라 개울물이 급작스럽게 불어났다. 바지를 걷어 올리고 물을 건너려는데 한 여인이 발을 동동 구르고 있었다. 개울을 건널 수 없었기 때문이다.
  한 선객은 '여자와 신체를 접촉하지 말라'는 계율에 충실하고자 그냥 모른 체하고 성큼성큼 건너갔다. 다른 한 선객은 그 여인을 등에 업고 개울을 건네주었다. 한참 길을 가다가 혼자 개울을 건너간 선객이 꾸짖으며 말했다.
  "수행자가 어찌 여인을 업는단 말이오."
  그러자 여인을 업어 건넨 선객이 이렇게 대답하는 것이었다.
  "나는 아까 여인을 등에서 내려놓았는데 그대는 아직도 업고 있구려."

계율의 형식과 위엄을 지키려고 하는 근본율에 얽매인 선객과 마음과 내면의 자세가 더 중요하다고 보는 심지계의 자리에 선 선객의 이야기가 떠올랐다. 어쩌다 이런 소심한 사람이 되었을까 생각하니 두고두고 부끄러웠다.

 마음에도 얽매이고 몸에도 얽매이며 살아가는 이 형식주의적인 삶의 껍데기를 훌훌 벗어던지고 나는 언제쯤에나 여덟 가지 바람 앞에 자유로울 수 있을 것인가…….

LETTER. 23

생각해 보면 우리 주위엔 기뻐할 일들이 많다

"참 기쁜 일이다, 이렇게 느낄 때가 있죠? 선생님은 어떤 때 그런 기쁨을 느끼세요?"

연초에 덕담을 나누는 자리에서 이런 질문을 받았다. 갑자기 받은 질문이라 대답할 말이 금방 생각나지 않았다.

"저는 차를 타고 가다가 빨간 신호등이 바로 제 앞에서 파란 신호등으로 바뀔 때예요. 우리 인생길에서도 앞사람들은 길을 건너갔는데 당신은 거기 서라는 신호를 받을 때가 있잖아요. 그런데 정반대로 이제 멈추어야겠구나 생각했는데 갈 수 있도록 신호가 바뀌었을 때, 그런 때 참 기뻐요."

"저는 어떤 일이 이루어졌을 때 기쁨을 느끼죠. 한동안 글이 안 써지다가 어느 날 시 한 편을 완성했을 때, 그럴 때 말이에요."

"또 있어요. 바위틈에 꽃이 피어 있는 걸 볼 때나 보도블록 사이에 작은 민들레가 피어 있는 걸 발견했을 때……."

"한동안 잊었던 제자들이 어른이 다 되어 연락했을 때나 전화나 편지로 안부를 물어 올 때나 꼭 지금의 내 마음을 말해 주고 있는 글을 발견했을 때 얼마나 기쁜지 몰라요."

나이 든 사람끼리 어린애처럼 그런 대화를 나누고 돌아오는 길에 그동안 작은 일에 기뻐하고 감사할 줄 아는 마음을 잊고 있었구나 하는 생각이 들었다.

남들이 나를 이해해 주지 못한다고 속상해할 때가 많지만 그래도 주위에 늘 내가 하는 일을 알고 도와주는 사람이 있는 걸 기뻐해야겠다.

하는 일이 잘 이루어지지 않아서 답답할 때가 많지만 이런 일을 할 수 있도록 힘과 재능을 주신 것에 기뻐하고 감사해야 하지 않겠는가.

내 아이들이 남의 아이들보다 더 뛰어나지 않아서 조바심이 나기도 하지만 비뚤게 크지 않고 잘 자라 주는 것은 기뻐해야 할 일이 아닌가.

남보다 더 튼튼하거나 빼어난 몸매를 가지지 못했다고 주눅 들

때도 있지만 병원 문을 나설 때면 우리가 병들지 않고 건강하게 살고 있는 것을 기뻐해야 하지 않겠는가.

주위에 좋은 사람을 만날 수 있는 기쁨, 엷은 햇빛으로 꽃 한 송이를 기를 수 있는 기쁨, 추운 겨울날 따스한 털목도리를 두를 수 있는 기쁨, 하루에 다만 몇 분이라도 아름다운 음악을 들으며 좋은 책을 읽을 수 있는 기쁨…….

생각해 보면 우리 주위엔 기뻐할 일들이 많다. 그러나 내가 다른 이들에게 반갑고 기쁜 사람으로 살고 있다면 더 좋을 것이다.

오랫동안 기다렸던 한 통의 편지와 같은 사람, 얽혀 있는 일의 실타래를 차근차근 풀어 주는 사람, 돌멩이에 걸려 넘어진 사람에게 손을 내밀어 일으켜 주는 사람이 될 수 있다면 얼마나 기쁘겠는가. 멀리서 예쁜 카드와 함께 배달되어 온 꽃바구니와 같은 사람이 될 수 있다면 그 자체만으로도 행복일 것이다.

LETTER. 24

셋이서 우동 한 그릇만 주문해도 괜찮을까요

섣달 그믐날 밤 10시, 북해정이라는 우동집. 마지막 손님이 가게를 막 나갔을 때 출입문이 힘없이 열리며 한 여자가 여섯 살, 열 살가량의 두 아이를 데리고 들어왔다. 그러고는 머뭇머뭇 말했다.

"저…… 우동…… 1인분만 주문해도 괜찮을까요……."

주문을 받은 주인은 1인분의 우동 한 덩어리에 반 덩어리를 더 넣어 삶았다. 세 사람은 우동 한 그릇을 가운데 두고 이마를 맞댄 채 맛있게 먹었다. 150엔의 값을 지불하고 "맛있게 먹었습니다" 하고 머리를 숙이고 나가는 세 모자에게 주인 내외는 "고맙습니다. 새해엔 복 많이 받으세요!"라고 목청을 돋워 인사했다.

북해정은 변함없이 바쁜 나날 속에서 한 해를 보내고 다시 12

월 31일을 맞이했다. 그날도 막 밤 10시를 넘길 무렵, 한 여자가 두 아이를 데리고 들어왔다. 여주인은 그 여자가 입고 있는 체크 무늬 반코트를 보고 1년 전의 그 마지막 손님임을 알아보았다.

그들은 지난해와 똑같이 우동 한 그릇을 시키고 셋이서 테이블에 둘러앉아 먹었다.

그 이듬해 섣달 그믐날 밤, 주인은 10시가 넘자 벽에 걸려 있는 메뉴표를 뒤집었다. 그러고는 그해 여름 200엔으로 올린 우동 값을 150엔으로 다시 바꾸어 놓았다. 10시 반이 되자 세 사람이 들어왔다.

"저…… 우동…… 2인분인데도…… 괜찮겠죠."

여자는 조심조심 말했다. 두 그릇의 우동을 함께 먹으며 세 모자는 밝게 이야기했다.

"형아야, 그리고 준아, 고맙다. 돌아가신 아빠가 일으킨 사고로, 여덟 명이나 부상을 입었잖니. 보험으로도 지불할 수 없었던 만큼을 매월 5만 엔씩 지불해 왔는데 오늘 전부 지불을 끝냈단다. 형아는 신문 배달을 열심히 해 주었고, 준이는 매일 장보기와 저녁 준비를 해 준 덕분에 엄마가 안심하고 일할 수 있었던 거란다."

그러자 형이 눈을 반짝이며 말한다.

"엄마한테 숨긴 게 있어요. 지난 11월 준이 쓴 작문이 북해도 대표로 뽑혀서 전국 콩쿠르에 출품하게 되어 수업 참관하라고 선생님한테 편지가 왔는데, 엄마 대신 제가 갔어요.「우동 한 그릇」이라는 글이었는데 셋이서 한 그릇밖에 시키지 않았는데도 우동집 아저씨 아줌마가 '고맙습니다'라고 큰 소리로 말해 주신 일. 그 목소리는…… '지지 마라! 힘내! 살아갈 수 있어!'라고 말하는 것 같은 기분이 들었고, 그래서 준은 어른이 되면 그렇게 힘내라는 속마음을 감추고 '고맙습니다'라고 말할 수 있는 일본 제일의 우동집 주인이 되는 것이 꿈이라고 큰 소리로 읽었어요."

그들은 서로 손을 잡기도 하고 웃기도 하다 300엔을 내고 인사하며 나갔다.

다시 1년이 지나 북해정에서는 세 모자를 기다렸으나 그들은 나타나지 않았다. 다음 해에도 또 다음 해에도 세 사람은 끝내 나타나지 않았다.

그러고 나서 수년의 세월이 흐른 어느 해 섣달 그믐밤. 그 집 주인의 동료들이 술이랑 안주를 들며 떠들썩하게 앉아 있는데 문이 열렸다. 외투를 든 정장 슈트 차림의 두 청년과 화복 차림의 부인이 깊이 머리를 숙이며 들어왔다. 그러고는 조용히 말했다.

"저…… 우동…… 3인분입니다만…… 괜찮겠죠."

당황해하는 여주인에게 청년 중의 하나가 말했다.

"우리는 14년 전 섣달 그믐밤 셋이서 우동 1인분을 주문했던 사람입니다. 그때 그 우동 한 그릇에 용기를 얻어 손을 맞잡고 열심히 살아갈 수 있었습니다. 저는 지금 대학 병원에서 소아과 의사로 근무하고 있습니다. 우동집 주인은 되지 않았습니다만, 은행에 다니는 동생과 상의해서 지금까지 제 인생에서 최고의 사치스러운 일을 계획했습니다. 오늘 북해정을 찾아 3인분의 우동을 시키는 것입니다."

예기치 않던 환성과 박수가 터지는 가게 밖에는 북해정이라고 쓰인 옥호막이 바람에 휘날리고 있었다.

일본 작가 구리 료헤이가 쓴 「우동 한 그릇」이라는 글은 몇 번을 읽어도 감명 깊다.

일본 국회 예산심의위원회에서 대정부 질문에 나섰던 공명당의 오쿠보라는 의원이 질문 대신 난데없이 이 글을 읽었고, 여기저기서 손수건을 꺼내더니 급기야는 여당이건 야당이건 모두들 흐르는 눈물을 주체하지 못했다는 이야기가 과장된 것인지 아닌지는 모르겠으나, 나도 이 책을 읽으며 눈물을 흘렸다.

셋이서 우동 한 그릇을 가운데 두고 이마를 맞댄 채 맛있게 먹는 모습, 그리고 세 모자가 어려움 속에서도 꿋꿋하게 살아가는 모습은 감동을 준다.

셋이서 우동 한 그릇을 시켜 먹어야 하는 어려운 가정환경과 사고로 죽은 아버지가 남긴 빚을 갚기 위해 허리띠를 졸라매고 일하는 어머니, 그리고 어린 나이에 불평하지 않고 신문 배달과 가사 노동을 해 가며 고통을 나누는 두 형제. 셋이서 시켜 먹는 우동 한 그릇의 의미를 진지하게 깨달으며 그것을 글로 옮긴 쥰의 모습, 그런 것에서 오는 감동이다.

앞에서 나는 이 이야기의 줄거리만 요약해 놓았지만, 이 글을 두 번째 보았을 때도 나는 쥰이 쓴 작문을 읽다가 눈물이 핑 돌았다.

우동집 주인 내외가 이 세 모자를 대하는 태도 역시 따뜻하기 그지없다. 섣달 그믐날 밤 종업원들을 다 퇴근시키고 난 뒤 피로에 지친 1년의 노동을 마무리하려던 시간에 늦게 나타나 셋이서 우동 한 그릇을 시킨다면 어느 가게 주인이고 "오늘 장사 다 끝났습니다. 미안합니다" 이렇게 말하기 십상이다. 그러나 귀찮아하지 않고 그들에게 우동 한 그릇을 대접하고, "고맙습니다. 새해엔 복 많이 받으세요!" 이렇게 목청 돋워 인사하며 그들을 보냄으로써 세 모자로 하여금 세상에 대한 따뜻함을 잃지 않게 하였다. 반 덩어리를 더 넣어 삶아 주기도 하고, 가격표를 뒤집어서 오르기 전의 값을 받는 가게 주인의 배려.

자본주의 사회, 날이 갈수록 혼탁하고 비인간화되어 가는 시대라서 그런지 감동은 이런 소박하고 평범한 이야기에서 온다.

LETTER. 25
우체국에 가면 잃어버린 사랑을 찾을 수 있을까

우체국에 가면 잃어버린 사랑을 찾을 수 있을까

그곳에서 발견된 내 사랑의

풀잎 되어 젖어 있는

비애를

지금은 혼미하여 내가 찾는다면

사랑은 또 처음의 의상으로

돌아올까

(…)

사람들은

그리움을 가득 담은 편지 위에

애정의 핀을 꽂고 돌아들 간다

— 이수익, 「우울한 샹송」에서

　나는 글 쓰는 일과 관련하여 우체국에 자주 가는 편이다. 우체국 문을 들어설 때면 곧잘 이수익 시인의 시 「우울한 샹송」의 첫 구절 '우체국에 가면 잃어버린 사랑을 찾을 수 있을까'를 떠올리곤 한다.

　어디론가 소식을 보내고 또는 책을 부치고, 그리고 그 소식이 지금 겉봉에 이름 쓴 그 사람에게로 날아가는 시간에 대하여 생각에 잠기곤 한다. 내가 아는 사람, 나를 아는 사람에게 내 소식 또는 내 이야기를 띄워 보내는 일은 나이가 들어서도 늘 설레는 일이다.

　그런데 우체국에 갈 때마다 느끼는 게 있다. 창구에 앉아 있는 두 여직원의 얼굴, 대비가 되는 두 얼굴에 대한 느낌이다.

　우표를 파는 곳에 앉아 있는 얼굴은 늘 밝은 표정이다. 그러나 우표를 붙이고 난 뒤 등기를 접수하는 곳에서 만나는 얼굴은 그늘진 얼굴이다. 한쪽 목소리는 밝고 다른 한쪽 목소리는 무겁다. 한쪽의 목소리는 남의 소리를 받아들이는 목소리이고 다른 쪽의 목소리는 자기의 소리를 일방적으로 던지기만 하는 목소리다.

　두 자리 다 어렵고 힘든 일을 하는 자리다. 매일매일 같은 일을 되풀이해야 하고, 같은 질문을 되풀이해서 받아야 한다. 그리고 단 한 차례의 실수도 용납되지 않는 자리이다.

창구의 맨 앞쪽은 수없이 밀려오고 끊임없이 서서 기다리는 사람을 상대해야 하는 피곤한 자리다. 한쪽은 그 피곤함에 지쳐 자기에게 다가오는 일을 기계처럼 되풀이하고 있는 얼굴이다. 그런데 다른 한쪽은 만나는 일마다 새롭게 대하려고 애쓰는 얼굴이다.

그런 두 모습을 바라보다 친절이란 대하는 사람마다 새로운 사람으로 대하려는 모습이구나 생각하게 된다. 그리고 그것은 자기 자신에게 늘 새롭게 시작해야 한다고 마음을 추스르는 자세로구나 하는 생각을 한다.

그런 생각을 하면 고맙다는 인사말을 빠뜨리고 올 수가 없다. 그것은 우리에게 베풀어 준 친절에 대한 감사이지만, 그 자신의 인생에도 고마운 일이다.

유치환 시인은 「행복」이라는 시에서 이렇게 말하였다.

오늘도 나는
에메랄드빛 하늘이 환히 내다뵈는
우체국 창문 앞에 와서 너에게 편지를 쓴다
(…)

사랑하는 것은
사랑을 받느니보다 행복하나니라

LETTER. 26

당신은 사람을 모으는 사람인가, 사람이 모이는 사람인가

ㄱ이라는 친구가 있다. 그는 재주가 뛰어나다. 어려서부터 머리가 비상했고 학창 시절에도 수석이었다. 학업만 뛰어난 게 아니라 잡기에도 능했다. 어떤 일이든지 한번 마음먹으면 끝내 그 일을 해내고 마는 오기를 지녔다.

한번은 바둑을 두다가 진 적이 있다. 그는 그길로 바둑 책이란 책은 다 사다가 몇 달 동안 독파를 했다. 결국은 상대를 다시 이기고 지금은 내로라하는 고수가 되었다. 사회과학이나 물리학, 종교학 서적에 손을 대면 자기 주위에서는 가장 박식한 사람의 자리에 서고 만다. 남들보다 항상 몇 수를 먼저 내다보고 포석을 두기 때문에 이해받지 못하는 때도 있지만, 몇 해 지나면 그의 얘기가 옳았음을 인정하게 만든다.

그는 매사에 적극적이고 낙천적이다. 늘 새로운 사람을 만나고 새로운 일을 꾸며 나간다. 사람들을 불러 모아 새로운 모임을 만들고 새로운 계획을 제안한다. 그의 머릿속에는 크고 거창한 구상, 반짝이는 아이디어가 가득 차 있는 것 같다.

어제도 그 친구와 함께하는 자리에 늦도록 같이 있었다. 술자리에서도 그는 재미있다. 좌중을 휘어잡았다 웃음바다로 만들었다 한다.

이야기가 오가는 동안 어떠어떠한 인물을 아느냐, 그와 나는 이러이러한 사이다, 그와는 어떤 인연이 있고 어떻게 만나게 되었으며 이런 재미있는 일화가 있다, 이런 이야기들이 자연스레 이어져 나왔다. 그런 만남의 자리에서는 으레 들을 수 있는 이야기들이었다. 그런데 그 이야기를 가만히 듣다가 혼자 생각에 잠겼다.

지금 ㄱ이 이야기하는 그 어른은 나도 잘 아는 분이다. 글을 쓰는 목사님인데 무엇보다도 때 묻지 않은 어린이 같은 심성을 지닌 분이다. 거기에다 기독교, 불교, 노장사상에 이르기까지 두루 조예가 깊은 분이다.

ㄱ은 그분과 꽤 오래전부터 알아 오면서 어느 해인가 2년 가까이 『논어』 『중용』 『대학』을 함께 공부한 적이 있다고 했다. 그런

데 그분과 ㄱ은 어쩌면 저렇게 다를 수 있을까 하는 생각이 들었다.

그분은 참으로 많은 것을 알면서도 노자가 말한 대로 '스스로 나타내려 하지 않기 때문에 밝아지고 不自見故明, 스스로 자랑하지 않기 때문에 공을 세울 수가 있고 不自伐故有功, 스스로 뽐내지 않기 때문에 그 공이 오래갈 수 있는 不自矜故長' 삶을 사는 분이다.

그분은 쓸데없는 말을 함부로 하지 않고, 말한 만큼 지켜 가는 삶을 사는 조용한 분이다. 마치 강이 낮은 곳에 몸을 두고 있어서 백 갈래의 개울이 그곳으로 모이듯 그분 주위에는 사람이 모인다.

그런데 ㄱ은 뛰어난 재주와 반짝이는 지식, 그리고 적극적인 자세로 늘 새로운 사업을 기획하고 새로운 조직을 만들어 나가는데도 언제나 사람이 없어서 새 사람을 모으느라 바쁘다. 그리고 앞서 모았던 사람과 일들은 흩어지고 없는 경우가 많다.

ㄱ의 말대로 ㄱ은 그분을 잘 알고 늘 가까이에 있다. 그러나 절에 자주 드나든다고 불도를 제일 잘 아는 게 아닌 것처럼, 그분의 깊이 있는 그 속까지 들어가서 그분을 알고 있는 것은 아니지 않은가 하는 의구심이 들었다.

처음 사람을 만났을 때 사람을 끄는 힘과 추진력은 분명 ㄱ이 앞서 보이지만 그의 곁에 사람이 남아 있지 않은 까닭은 '깊이' 때문이 아닌가 싶었다. 사람의 깊이, 생각의 깊이, 그것은 곧 일에서 신뢰의 깊이로 이어질 것이다.

금방 어색한 분위기를 깨면서 쉽게 친해지는 능력을 ㄱ은 갖고 있다. 달변이고 박식해서 대화도 재미있고 이야기를 듣다 보면 지금 시작하는 일이 금방 이루어질 것 같은 생각이 들게 만든다.

그러나 일은 역시 일이요 세상일이란 그렇게 생각만큼 호락호락하지 않은 구석이 많게 마련이다. 일을 해 나가다 보면 말처럼 풀리지 않는 여러 가지 경우에 부딪치게 된다.

생각이 너무 앞서 나가는 것 또한 ㄱ의 흠이 아닌가 싶다. 생각과 몸이 주위 사람과 함께 가는 것이 아니라 수십 보를 앞서 가 있기 때문에 사람이 없는지도 모른다.

그리고 새로운 사람들을 만나면서 그 사람들에게 자신을 알리고 싶어 지식과 재주를 드러내면 상대방과 쉽게 가까워지기는 하겠지만, 스스로 재주가 얕음을 드러내고 마는 경우도 있다.

스님 중에는 불사를 잘하는 스님이 있다. 절을 더 크게 짓고 일도 많이 하는 스님이 있다. 그러나 절을 크게 짓는다고 큰스님이라 부르지는 않는다. 사람이 진정으로 그를 따르고 모일 때 그의 스님 됨이 커지는 것이다.

사람을 많이 만나는 것과 사람을 깊이 있게 만나는 것은 다르다. 절이란 절을 다 돌아다녔다고 큰스님이 되는 건 아니다. 절에 가서 부처는 못 보고 절집만 보고 오는 사람도 많기 때문이다.

ㄱ의 재주와 지식이 깊이를 얻고 실천력이 대중을 얻어 진짜 폭을 넓혀 갔으면 하는 바람을 떨쳐 버릴 수 없다.

LETTER. 27

연필로 쓰기

우리 인간은 불완전하다. 부족하고 모자라는 존재다. 그래서 잘못도 저지르고 실수도 한다. 그런데 어떤 잘못은 그에게 멍에가 되고 평생 낙인처럼 찍혀 일생을 따라다니기도 한다. 마치 지워지지 않는 잉크로 쓴 글씨처럼 일생을 쫓아다니는 그런 과오도 있다.

그래서 사람들은 생각한다. 그것이 지워질 수 있는 것이라면 하고.

또 얼마든지 그런 소망을 가져 볼 수 있다. 어쩌면 문학이라는 것 자체가 현실에서 이루어지지 않는 일들을 상상 속에서 소망해 보는 양식인지도 모른다. 문학작품에 많이 나타나는 '소망적 사고wishful thinking'라는 것도 그런 바람의 한 표현일 것이다.

한밤에 홀로 연필을 깎으면 향그런 영혼의 냄새가 방 안 가득 넘치더라고 말씀하셨다는 그분처럼 이제 나도 연필로만 시를 쓰고자 합니다 한번 쓰고 나면 그뿐 지워 버릴 수 없는 나의 생애 그것이 두렵기 때문입니다 연필로 쓰기 지워 버릴 수 있는 나의 생애 다시 고쳐 쓸 수 있는 나의 생애 용서받고자 하는 자의 서러운 예비 그렇게 살고 싶기 때문입니다 나는 언제나 온전치 못한 반편 반편도 거두어 주시기를 바라기 때문입니다 연필로 쓰기 잘못 간 서로의 길은 서로가 지워 드릴 수 있기를 나는 바랍니다 떳떳했던 나의 길 진실의 길 그것마저 누가 지워 버린다 해도 나는 섭섭할 것 같지가 않습니다 나는 남기고자 하는 사람이 아닙니다 감추고자 하는 자의 비겁함이 아닙니다 사랑하는 까닭입니다 오직 향그런 영혼의 냄새로 만나고 싶기 때문입니다

— 정진규, 「연필로 쓰기」 전문

깊은 밤 아무도 없는 방 안에서 홀로 연필을 깎던 그분을 생각하며 이 시적 화자 역시 그런 소망을 가져 본다.

정성스럽게 깎은 연필로 쓴 글씨처럼 그렇게 정성을 다해 산 삶도 잘못 쓴 글씨처럼 다시 고쳐 쓰고 싶을 때가 있을 것이다.

또 잘못과 허물이 있었던 부분은 지우고 용서받은 뒤 다시 쓰고 싶기도 할 것이다.

그런 바람을 "이제 나도 연필로만 시를 쓰고자 합니다 한번 쓰고 나면 그뿐 지워 버릴 수 없는 나의 생애 그것이 두렵기 때문입니다"라고 말하고 있다. 그것은 또한 "용서받고자 하는 자의 서러운 예비" 때문이라고 한다. 그러한 준비, 예비가 서러운 것은 본래 인간이 불완전한 데서 기인하는 것이리라.

그러나 이 시는 그렇게 나의 잘못에 대해서만 이야기하는 것이 아니라, 남의 잘못에 대해서도 똑같은 자세를 가져야 한다고 말한다. "잘못 간 서로의 길은 서로가 지워 드릴 수 있기를 나는 바랍니다"와 같은 구절이 그것이다.

그러다가 떳떳했던 길, 진실했던 길마저 지워져 버린다 해도 섭섭할 것 같지 않다고 한 이유는 어디에 있을까.

사람들 마음속에 있는 얄팍한 분별심, 자기의 잘못은 남이 용서하고 잊어 주길 바라면서 잘한 일은 남이 칭찬해 주고 오래 기억해 주길 바라는 마음 때문일 것이다.

잘못 쓴 글씨를 지우개로 지우다 잘 쓴 글씨까지 지우게 되는 일이 있는 것처럼 우리의 삶도 얼마든지 그러할 수 있다. 하지만 그것보다는 잘 쓴 글씨 역시 지워질 수 있음을 받아들이는 자세를 가져야 한다는 것이리라.

 훌륭하게 살았던 삶은 기억되고 그러지 못했던 삶은 지워지길 바라는 그런 얄팍한 분별심마저 버릴 것을 이야기하는 시인의 조용하고 겸허한 목소리에 이 시의 미덕이 있다.

 우리는 무엇을 남길 수 있을 것인가.

 우리가 남길 수 있다고 믿는 이름과 업적, 그리고 그 이상의 어떤 것까지도, 우리의 잘못이 지워지는 것처럼 얼마든지 지워질 수 있는 것이어야 하리라.

 이 시에서 말하는 이가 처음에 지워질 수 있는 잘못에 대해 이야기한 것은 "감추고자 하는 자의 비겁함" 때문이 아니라 인간의 불완전성에 대한 긍정, 그리고 그렇게 부족하고 허물 많은 삶에 대한 용서와 사랑에서 비롯된 것임을 우리는 시의 뒷부분에서 읽는다.

 연필로 쓰기.

 우리는 이 시에서 그런 거짓 없는 영혼의 냄새, 나무 냄새처럼 향그러운 영혼의 향기를 접하게 된다.

LETTER. 28
아름다운 생애

　겨울바람이 어제 다르고 오늘 다르다. 하늘이 잔뜩 흐린 얼굴로 산을 덮으며 내려오더니 기어코 눈발이 날린다. 산빛과 하늘빛이 들 끝에서 하나가 되어 만나는 날은 눈이 내린다.

　낮에 서점에 들렀다가 ㄱ 선생님을 만났다. 큰아이 생일선물로 줄 철학 동화 몇 권을 고른 뒤 문예지를 이것저것 뒤적이고 있는데 선생님이 들어오시는 것이었다. 일흔두 살의 연세답지 않게 환한 얼굴이시다.

　"건강은 어떠세요?" 하고 여쭈었더니 '표리부동'이라고 하신다. 겉보기와는 다르다는 뜻을 그렇게 웃으면서 말씀하신다. 머리는 희어 백발이 성성한데 젊은이들이 입는 파카를 멋지게 입어서 아주 정정해 보이신다. 정년퇴임하신 지 벌써 일곱 해가 지났는데도 선생님이 전공하던 고전문학에 관한 연구서를 한 권 고르더니 어디 가서 차나 한잔 하자고 이끄신다.

대추차 한 잔을 앞에 놓고 앉아 있자니 우선 부끄러운 마음이 앞을 가득 가로막는다. 나는 옛날부터 좋은 스승 만나지 못한 것을 늘 불만스럽게 생각해 왔다. 그러나 정작 ㄱ 선생님처럼 좋은 분을 만났을 때는 학문의 길보다는 문예 창작의 열정이 더 많아 그걸 삭이지 못한 채 공부를 게을리하였다. 좋은 스승 만나지 못한 것을 탓하기 전에 좋은 제자가 될 수 있는지 먼저 반성하지 않았던 것이다.

대학원에서 ㄱ 선생님께 강의를 듣던 18년 전 그해 여름, 선생님께서 숙제로 내주셨던 '한국학' 책을 사 놓기만 하고 다 읽지 못한 것이 지금도 늘 마음에 죄스러움으로 남아 있다.

선생님은 정말 폭넓게 공부할 것을 요구하셨다. 단순하게 향가나 고려가요 같은 주어진 과목의 공부만이 아니라 서양사학이나 한국의 철학, 역사학, 심지어는 한국의 고고미술과 고전음악까지 기본적으로 우리 것에 대한 토대가 되어 있어야 한다고 강조하셨다.

그러나 그 시절의 나는 그런 가르침을 제대로 받아들이지 못하는 문학청년에 지나지 않았다. 밤새도록 시와 싸우고 술에 빠져 있다가 꾸벅꾸벅 조는 시간도 있었다. 그래서인지 선생님과 마주 앉아 있는 동안 내내 부끄러웠다.

ㄱ 선생님은 원래 시인이셨다. 그러나 학문이면 학문, 창작이면 창작 둘 중 하나만 해야 한다고 생각하셨다. 아직도 조그만 아파트 서재에서 공부를 놓지 않고 계시는데, 젊은 날 당신의 저서들을 더는 찍지 말라고 출판사에 부탁했다고 말씀하신다. 아예 찍을 수 없도록 책의 지형을 회수하셨다고 한다. 이유는 자세히 말씀하지 않으시지만, 원숙한 경지에 이르러 돌이켜보는 어떤 부끄러움 때문이 아닐까 하는 생각이 들었다.

"문학은 정도의 차이만 있을 뿐이지 어느 것이나 다 작품인 것은 틀림없는데 학문은 맞다 틀리다 하는 평가가 내려지기 때문"이라고만 말씀하신다. 당신의 연구 업적에 대한 끊임없는 새 해석과 새로운 공부 속에서 지난날의 성과들을 새롭게 정리하고 계시는구나 하는 생각이 들었다.

시를 다시 쓰실 계획은 없느냐고 여쭈었더니 지금 하고 있는 작업이 끝나고 5년 정도 시간이 주어지면 그때 시집을 내 볼까 한다고 말씀하신다. 학문과 창작 두 가지를 동시에 하지는 않겠다고 하신다. 한 가지도 제대로 이루기 어려운데 두 가지를 다 하려다가는 아무것도 이루지 못하리라는 말씀이셨다.

시를 쓰면서 소설도 쓰고 시나리오도 쓰면서 연출도 하고 대학 강의도 하면서 무대에도 서는 오늘날 후학들의 모습을 보면서 한 가지라도 제대로 해야 한다고 일침을 놓으시는 선생님의 모습은 선비의 모습 그대로였다. 그러나 넉넉한 웃음을 지으며 자신은 부족해서 그렇다고 겸손해하는 모습에서 선생님의 지론이 결코 편협한 데서 나오는 것이 아님을 보여 주셨다.

한 가지 일에 평생을 던지는 삶.

사실 우리 문화유산 가운데 자랑할 만한 것들은 거의 다 그렇게 해서 이루어진 것이다. 다산의 학문도 그랬고 허준의 의학도 그랬다. 석굴암의 부처도 그런 장인정신의 결실이었다. 놋그릇 하나를 만들거나 북 하나를 만드는 일에도 우리 조상들은 한평생을 걸었다.

박경리 선생의 『토지』에 보내는 찬사도 그와 같다. 소설 하나를 제대로 쓰기 위하여 25년의 세월을 바친 것이다. 말이 25년이지, 생애의 중요한 시기 전부를 오직 한 작품을 완성하는 데 바친다는 것은 그리 쉬운 일이 아니다. 그만큼 치열하게 살고 치열하게 살아 낸 삶의 흔적이 거기 배어 있기 때문에 대작이라 이름 붙일 수 있는 것이다.

박경리 선생은 『토지』를 쓰던 지난 세월을 돌아보며 이런 말을 했다.

> 치열하게 살지 않는 목숨은 없다. 어떠한 미물의 목숨이라도 살아남는다는 것은 아프다. 끝없는 환란의 고개를 넘고 또 넘어야 하는 것이 아닌가. 그리고 어떠한 역경을 겪더라도 생명은 아름다운 것이며 삶만큼 진실한 것은 없다. 비극과 희극, 행과 불행, 죽음과 탄생, 만남과 이별, 아름다움과 추악한 것, 환희와 비애, 희망과 절망, 요행과 불운, 그리고 모든 모순을 수용하고 껴안으며 사는 삶은 아름답다. 그리고 삶 그 자체만큼 진실된 것도 없다.

끝없는 환란의 고개를 넘어오면서 삶의 모든 모순을 수용하고 껴안으며 이제 삶만큼 진실한 것은 없다고 말하게 되는 이 깊은 삶의 자세. 『토지』는 여기서 우러난 것이다. 이렇게 찾아낸 삶의 아름다움에서 『토지』의 아름다움이 우러나는 것이다.

세월의 변화에 일찍 주눅 들거나 해가 바뀌고 조금씩 나이가 들면서 많은 것을 너무 일찍 포기하거나 체념하며 스스로 나태해지기 쉬운 우리 삶에 그런 모습은 청량제처럼 신선하다.

대작을 완성하고 나서 울안의 텃밭에 앉아 채소를 가꾸고 있는 박경리 선생의 모습에서나 아직도 전공 서적을 사러 책방에 나오시는 ㄱ 선생님의 정정한 모습에서 한 가지 일에 일생을 거는 끈질긴 삶의 자세를 배운다.

얼마나 아름다운가, 세월에도 나이에도 구애받지 않고 자기가 하고자 하는 일에 생애 전부를 걸어 보는 일은.

LETTER. 29

근본과 원칙

"사람이 근본에 처해야지, 자리와 이름에 처해서는 안 되네."

지역에서 하는 어떤 일에 명예위원장을 맡아 주십사 하고 부탁드렸을 때 은사이신 ㅈ 교수님께서 하신 말씀이다.

그 뒤에도 몇 번 그런 말씀을 들었다. 어떤 일을 앞두고 그 일에 대한 판단을 내려야 할 때 '근본적으로 이 일을 어떻게 하는 것이 옳은 걸까?' '사람의 근본을 잃지 않으려면 어떻게 해야 할까?' '내가 어떤 자리에서, 어떤 자세로 임해야 할까?'를 먼저 생각해야지, 그 일에 따른 이해득실과 과욕, 공명심 따위에 끌리면 반드시 일을 그르치게 된다는 것을 경계하는 말씀이라고 내 나름대로는 생각했다.

1977년 초임 교사로 발령받아 근무하고 있을 때였다. 선생께서 내가 근무하던 옆 학교를 방문하셨다는 말을 듣고 반가운 나머지 곧바로 달려 나갔다. 새로 분리되어 개교하는 그 학교의 교가를 지어 달라는 부탁을 받고 오신 거였다. 교문 앞에서 산세를 둘러보고 계시는 선생께 달려가 인사를 드렸더니 "이렇게 나와도 되는 시간인가?" 하고 물으신다. 그래서 아무 생각 없이 "네, 자습시켜 놓고 나왔어요" 했더니 당장 들어가라고 호통을 치시는 거였다.

내 딴에는 졸업해서 처음 근무하는 학교 근처에 은사님이 오셨다는 게 반갑고 기뻐서 달려 나왔던 것인데, 조금은 얼떨떨하고 당황스럽기도 했다.

"아이들을 자습시키고 나오다니?"

"네, 조용히 하라고 해 놓았으니까 별일 없을 거예요."

ㅈ 교수님은 내가 말뜻을 못 알아듣는 것 같아 답답하다는 표정이셨다.

"그래도 이 사람이……."

나는 정신없이 다시 교실로 들어갔다.

아마 그때 꾸지람을 들은 뒤부터였을 것이다. 내가 맡은 수업에 대한 철저한 원칙 같은 것을 나름대로 지니게 되고, 남을 가르치는 사람으로서 자기 본분을 소홀히 해서는 안 된다고 생각한 것이.

  선생은 지방대학의 교수로 오래전에 정년을 맞으셨지만, 유학자다운 삶의 자세와 청렴하고 원칙을 중히 여기는 마지막 선비로서의 모습은 여전히 사람들로부터 존경을 받고 계셨다.

  대학 4학년 때던가 수학여행을 갈 때였다. 제천에서 열차를 갈아탈 때, 시간에 쫓기며 우리들은 막 달려가는데 선생은 뛰지 않으셨다. 열차가 사람을 기다려야지 사람이 기계문명을 뒤쫓아 달려가는 삶이어서는 안 된다는 태도셨다.

  그 뒤 졸업을 하고 사회 여기저기에 뿔뿔이 흩어져 사는 우리들은 저마다 숨 가쁘게 뛰어다니는 삶을 살았다. 꽉 짜여진 시간과 제도 속에서 급하게 일 처리를 요구하는 명령에 쫓기며 살아왔다. 내용이야 어쨌든 당장 눈앞에 벌어진 일들을 빨리 해치우는 게 능력이라고 여겼고, 일의 근본이 어떠해야 하는지 고민할 여유도 없이 남이 하는 대로 뒤쫓아 가기에 급급했다. 그러는 사이에 어느덧 사회 여러 곳의 중견이 되었다.

  그런데 지금 우리가 이룩해 놓은 이 사회의 여러 곳이 와르르 무너지는 소리를 듣는다. 급하게 대충대충 겉만 그럴싸하게 만들어 놓은 우리 사회가 모래 위에 세운 허상이었음이 뼈아프게 드러나는 것이다.

그러나 지금 무너지고 있는 것은 다리와 건물과 경제 선진국의 환상만은 아니라고 생각한다. 지금껏 우리가 성장과 발전이라고 생각해 온 허상이 무너지고 있다고 본다. 우리가 선택했던 삶의 방식, 우리가 세워 놓은 우리 사회의 모델이 무너지고 있는 것이다.

그런 생각이 들 때마다 선생의 원칙론이 떠오르곤 한다.

젊은 시절 우리는 그분을 고지식하다고 여겼다. 그리고 아직까지도 빌딩으로 둘러싸인 시내 한복판에 있는 다 허물어져 가는 기와집에서 사는 선생을 보면서 사람들은 고루하고 답답하다고 생각할 것이다. 그러나 배운 자의 근본을 잃지 않으려는 그런 분들의 모습을 10분의 1만 기억하며 살았더라도 우리 사회가 이렇게 일찍 무너지는 소리는 듣지 않았을 것이다.

배운 대로 실천하고 정직하게 일하며 원칙에 맞게 사는 삶의 태도를 잊고, 대충 타협하고 적당히 눈감아 주며, 잘못된 줄 알면서도 돈으로 싸덮어 버리고 부실하게 지어 놓은 집의 겉만 화려한 벽지 앞에서, 현란한 장식과 조명 곁에서, 위태로운 목숨의 그네를 타고 살아왔던 것이다.

이제 일을 앞에 놓고는 근본과 원칙에 충실한 자세로 돌아가야 한다. 차근차근 생각하고 돌아보며 일하지 않으면 안 된다. 많이 생각하고 충분히 준비하는 삶으로 돌아가야 한다. 이런 말들이 귀에 들어오지 않으면 우리는 앞으로도 하루가 멀다 하고 무너지고 해체되고 거리로 나앉고 파산하는 삶을 살아야 할 것이다.

CHAPTER 3

사 랑 하 면
보인다

그렇다. 사랑하면 보인다.

꽃이든 나무든 사람이든 사랑하면 비로소 그가 보인다.

어디에 있어도 늘 함께 있는 그가 보인다.

참으로 아름다워 그 꽃을 떠나지 못하다가 돌아서면

다시 그리워지는 꽃. 배롱나무가 내게 그런 꽃이

되어 버렸듯 사람마다 그런 사랑이 있을 것이다.

LETTER. 30

내 마음의 군불

 군불 때는 요령을 제대로 터득하려면 눈물깨나 흘려야 한다. 아무렇게나 나무를 쌓아 놓고 불을 붙인다고 해서 불이 붙는 게 아니다. 불이 옮겨붙을 만한 작은 나무를 아래에 놓고 바람과 불길이 넘나들 공간이 생기도록 서로 어긋나게 잘 쌓아야 한다. 불쏘시개도 중요하다. 나무에 옮겨붙을 시간도 없이 금방 후르르 타 버리는 솔가지나 얇은 종이 한두 장으로는 안 된다. 잘 타지 않는 나무를 가려낼 줄 아는 일도 중요하다. 금방 꺾어 온 생나무를 불 지필 때 넣었다가는 연기와 매캐한 내음에 갇혀 눈물 콧물 범벅이 된다.

 어릴 때 얹혀살던 외가의 사랑방은 불 때는 아궁이가 마루 밑에 있었다. 허리를 굽히고 들어가 앉아 군불을 때야 하는데 불이 제대로 붙지 않아 성냥만 수없이 켜 대며 몸이 달던 기억하며, 불쏘시개에 붙었다 꺼진 불을 되살리려고 입으로 바람을 불어 대다 뒤집어쓴 잿가루하며, 더디 불붙는 나무에서 나는 연기로 눈자위가 빨개지던 날이 얼마나 많았는지 모른다.

그러나 불이 제대로 붙어 나무가 바작바작 소리를 내며 타 들어가고 하나씩 둘씩 그 위에 굵은 장작을 얹어 주며 불길을 바라보노라면 몸과 마음이 또 얼마나 훈훈해지는지 군불을 때 본 사람이면 다 기억하고 있을 것이다. 밖에는 찬바람이 불어 등짝은 시리지만 방이 아랫목부터 따스해질 것을 생각하면 가슴이 뜨듯해져 오던 그런 기억.

일찍이 나희덕 시인은 군불에 대해 이런 시를 썼다.

> 단 한 사람의 가슴도
> 제대로 지피지 못했으면서
> 무성한 연기만 내고 있는
> 내 마음의 군불이여
> 꺼지려면 아직 멀었느냐
> ―「서시」 전문

이 시는 단 한 사람의 가슴도 제대로 불태우지 못한 자기 마음속 헛된 사랑의 불과 가슴속 꺼지지 않는 불씨에 대해 이야기한다. 잘 불붙지 않는 군불처럼 무성한 연기만 내고 있는 자신의 사랑하는 모습을 발견하는 눈이나, 군불 때던 날의 기억과 잘 이루어지지 않는 사랑의 매캐함을 이렇게 하나로 용해시켜 내는 힘이 놀랍다.

  우리가 사랑하는 모습, 살아가는 모습도 이럴 때가 얼마나 많은가. 활활 타오르지 못하고 용기 있게 달려가 불붙지 못하고 매운 연기만 가득 지피고 있을 때가 말이다. 아니 도리어 불붙을까 봐, 그 불로 자신을 태우고 서로를 태우게 될까 봐 몸을 사려야 하는 경우는 또 얼마나 많은가.

  "사랑이 그대들을 부르면 그를 따르라. 비록 사랑의 날개 속에 숨은 칼이 그대들을 상처받게 할지라도."

  칼릴 지브란이 한 이런 말을 알고 있어도 모두 다 그렇게 기꺼이 상처받고 불타오를 자신은 없을 것이다. 뜨겁게 불타는 사람들의 이야기에 많은 사람들이 관심을 갖는 것은 영화나 문학작품을 통해 간접적으로나마 대리 만족을 하고 싶은 심정이 가득하다는 반증일지도 모른다.

  그러나 돌아와 자신의 모습을 살펴보면 우리는 단 한 사람의 가슴도 제대로 불 지피지 못한 사랑이었으니, 식어 버린 재를 안고 뒤늦게 탄식이나 하고 있으니, 님은 저만큼 가 버렸는데 타다 만 장작을 안고 발등이나 찍고 있으니, 어찌 생을 치열하게 살았다 할 수 있으리. 어찌 다른 사람을 다시 사랑할 수 있으리, 마음 가득한 군불 연기 속에서.

LETTER. 31

하나인 듯 둘이고
둘인 듯 하나인 삶

　서산마루를 물들이고 있는 저녁노을이 참 곱다. 눈부신 노을 위로 저녁새 몇 마리가 빠르게 날아간다. 길가에 서 있는 플라타너스 나뭇잎이 이제 보니 노을빛이다. 노을빛을 사랑처럼 몸에 담뿍 받은 잎새부터 땅에 내리고, 아직도 나뭇잎 사이사이에서 가을 노을빛을 덜 받은 나뭇잎들이 가지 끝에 매달려 늦가을로 가고 있다.

　돌아서는 거리 거리마다 무수히 잎을 버리는 나무들, 버리며 버리며 겨울을 향해 가는 나무들, 버릴 줄 알기 때문에 언제든 새로운 것을 만날 수 있는 자리를 다시 마련하곤 하는 나무들…….

　해마다 가을이면 나무들에게서 많은 것을 배운다. 소유하려는 집착을 버리지 못해 고통스럽게 사는 우리들의 삶 앞에 가을 나무는 버릴 것을 다 버려도 얼마든지 다시 새롭게 채울 수 있다는 것을 보여 준다.

낮에 장문석 시인이 놓고 간 시집에 나오는 시구가 떠오른다.

> 나는 오늘 당신과 싸웠다.
> 부끄럽게도 아이들 앞에서 언성을 높였다.
> (…)
> 우리에겐 싸울 이유가 너무나 많았다.
> (…)
> 우리는 서로가 서로의 세계로 하나가 되는 것을 고집했다.
> 부부는 결코 하나가 되어서는 안 되는 것을
> 현악기의 화음이 서로 다른 음색의 정겨운 손잡음임을 몰랐다.
> ―「잠든 아내 곁에서 5」에서

장 시인이 "부부는 결코 하나가 되어서는 안 되는 것"이라고 말한 것은 시적 역설이다. 부부는 일심동체라고 말해 온 전통적인 부부관을 정면으로 부정하는 말이면서도 진정한 부부란 어떻게 살아야 하는가를 보여 주는 말이기도 하다.

싸우지 않고 사는 부부는 없다. 그렇게 죽고 못 살 것처럼 좋아서 결혼했는데 채 사흘을 못 넘기고 싸우는 부부가 있다. 부모 자식 사이에도 대립이 있고 아주 친하던 단짝 친구와도 사소한 일로 틀어져 원수가 되어 헤어지기도 한다. 부부라고 해서 싸우고 다투는 일이 왜 없겠는가.

어떤 때는 서로 잘해 보려다 싸움이 되고, 어떤 때는 서로 바라는 게 있어서 그게 싸움이 된다. 어떤 때는 상대방을 위해 그런 것 하나 못해 주나 하는 기대 심리가 급기야는 싸움으로 폭발하고 만다.

그런 싸움의 끝에 시인은 부부는 결코 하나가 되어서는 안 된다는 것을 깨닫는다. 그것은 한쪽이 완전히 굴복하여 하나가 된다거나 자기 존재를 전혀 찾을 수 없는 삶을 살고 있어 한쪽 사람에 의해서만 이끌려 가는 형태로 하나가 된다는 것은 무의미하다는 뜻이다. 서로 자기의 삶이 있고 자기 나름의 개성과 향기가 살아 있으면서도 함께 행복하게 살 수 있는 삶이 진정한 결혼 생활이라는 뜻이기도 하다.

"현악기의 화음이 서로 다른 음색의 정겨운 손잡음임을 몰랐다"는 깨달음은 이 땅의 모든 부부들이 받아들여야 할 결혼 교향곡의 첫 소절이다. 서로의 소리와 음색이 살아 있어서 비로소 아름다운 음악이 되는 생활, 그런 것이 진정으로 두 사람이 하나가 되어 살아가는 삶이 아닐까.

남편의 삶은 있는데 아내의 삶은 그림자조차 없는 삶, 또는 아내의 삶은 아름다운데 남편의 삶은 오로지 괴로운 노동뿐인 삶을 살고 있다면 그것은 불행한 생활이다. 결혼이란 서로 다른 두 사람이 만나 함께 살아가는 삶이다. 두 사람의 삶이 다 활력 있고 생기에 넘쳐야 하며 두 사람 다 서로의 살아 있음을 통해 다시 기쁨을 느끼는 삶이어야 한다.

장 시인은 같은 시집에 실린 「콩나물사랑법」이라는 시에서 이렇게 이야기한다.

> 콩나물은 대가리는 하나지만 껍질을 벗기면 둘입니다
> 그러나 둘도 아니고 결국 뿌리로 하나가 됩니다
> 하나인 듯 둘이고 둘인 듯 하나인 것
> 아내는 그것이 부부라고 말을 합니다
> ―「콩나물사랑법 1」에서

부부가 마주 앉아 콩나물을 다듬으며 쓴 이 시는 부부가 어떻게 하나 되어야 하는지를 잘 보여 준다. 뿌리는 하나지만 머리는 둘인 삶은 생각이 각각 따로따로 노는 삶이라는 뜻이 아니라, 상대방의 고유한 정신세계는 그것대로 인정하면서도 서로 한곳을 지향해 간다는 뜻일 것이다. 거꾸로 이야기한다면 서로가 한 몸이 되어 살아가면서도 두 사람의 존재가 각각 살아 있는 삶이 진정한 부부의 삶이라는 뜻도 될 것이다.

그러기 위해서는 내가 먼저 마음을 비우는 자세가 필요하다. 내 것은 양보할 줄 모르고 웅크린 채 상대방의 양보와 이해만을 바라지 말고 내가 먼저 상대방의 처지에 서서 생각해 보아야 한다. 내가 마음을 비우고 있어야 상대방을 받아들일 수 있는 공간이 생기는 것이다. 낙엽을 버릴 줄 알아야 새로운 잎을 움트게 할 자리가 생기는 것과 같은 이치다.

상대방을 내 것으로 소유하고 있다는 생각도 버리고 상대방을 내가 원하는 분재처럼 만들어 가려는 욕심도 버리고 상대방에게만 모든 것을 의지하려는 지나친 집착도 버리고 그가 살아 움직이는 본래의 그 모습 그대로 나와 함께 살아가는 사람일 수 있게 만들어야 한다. 결혼 생활의 고통은 이런 소유욕과 집착과 자기가 원하는 사람으로 만들려고 애쓰는 지나친 욕심에서 오는 경우가 많기 때문이다.

어느새 밤이 깊었다.

사랑하는 사람의 손을 가만히 잡아 보라. 그 손의 따듯함이 전해져 오거든 생각해 보라. 이 따듯함이 어디서 오는가를.

사랑하는 사람의 손이 그렇게 따듯하게 살아 있기 때문에 내 손도 함께 따듯할 수 있다.

LETTER. 32

사랑한다는 이 한마디
내 이 세상 떠난 뒤에 남으리

사랑할 수 없는 것이 어디 있을까마는 사랑하지 못하는 사랑은 많이 있다. 사랑해서는 안 되는 사랑도 있고 이루어질 수 없는 사랑이라서 괴로운 사랑도 많다. 아무리 고통스러웠어도 이루어진 사랑은 행복하다. 그래서 늘 함께 있을 수 있는 사랑은 행복하다.

그러나 사랑의 신은 인간을 그렇게 그냥 놓아두지 않는다. 사람의 마음을 물 위에 뜬 종이배처럼 늘 불안하게 흔들어 놓는다. 언제든지 사랑의 물결에 흔들리게 만들어 놓고 언제든지 그 물살에 젖어들게 만든다. 물이 새어 들어 쓰러지게 한다.

문정희 시인은 「가을 노트」라는 시에서

사랑한다는 것은

조용히 물이 드는 것
아무에게도 말 못하고
홀로 찬바람에 흔들리는 것이지

그리고 이 세상 끝날 때
가장 깊은 살 속에
담아가는 것이지

이렇게 말했다. 이렇게 혼자 사랑하다 혼자 가지고 가는 사랑은 얼마나 많은가. 나 혼자 사랑하다 나 혼자 화살을 맞은 짐승처럼 괴로워하다 나 혼자 가슴속에 담아 가지고 가는 사랑도 참 많다. 사랑으로 흔들리는 마음을 혼자만 알고 혼자만 뜨거웠다가 이 세상 끝나는 날 차마 버리고 갈 수 없어 가장 깊은 살 속에 담아 가지고 가는 그런 사랑도 많을 것이다.

조지훈 선생도 이렇게 말한 적이 있다.

까닭없이 마음 외로울 때는
노오란 민들레꽃 한 송이도
애처롭게 그리워지는데

아 얼마나한 위로이랴
소리쳐 부를 수도 없는 이 아득한 거리에
그대 조용히 나를 찾아오느니
사랑한다는 이 한마디는
내 이 세상 온전히 떠난 뒤에 남을 것……
—「민들레꽃」에서

사랑하는 그대는 "소리쳐 부를 수도 없는 이 아득한 거리" 저편에 있고, 그대를 만날 수 없는 나는 민들레꽃 한 송이를 바라보며 위안을 받는다. 스스로 위안하고 있는지도 모른다.

마음은 까닭 없이 외로워지는데 사랑한다는 말 한마디를 살아 있는 동안에는 제대로 전할 수 없는 괴로움 속에 있다. 위로받고 싶은 마음, 여리고 여려진 사랑하는 마음, 그래서 아주 작은 민들레 한 송이에도 기대 보는 이런 마음이 바로 사랑에 빠졌을 때의 사람들 마음이다. 그래서 민들레꽃 한 송이에서 사랑하는 그대의 모습을 발견하고 사랑하는 사람이 민들레꽃의 모습으로 지금 내 가까이 와 있는 것이라고 믿고 싶어지는 것이다.

그러나 사랑한다는 말, 이 한마디는 지금 살아 있을 때는 할 수 없고 이 세상 떠난 뒤에야 남아서 그대에게 전해질 것이니, 이런 사랑은 얼마나 아픈 사랑인가.

혼자만의 사랑이 아니고 함께 사랑했어도 끝내 이루어질 수 없는 사랑도 많다. 은사시나무와 미루나무처럼 서로 가까이 서서 잎새를 건드려도 보고 바람이 불 때는 같은 방향을 향해 함께 어깨를 기대며 기울어지기도 하지만 끝내 제 뿌리에 몸이 묶이어 평생 한 몸이 될 수 없는 사랑도 얼마든지 있다.

아주아주 큰 바람 불어 서로 몸을 뒤섞고 하나가 되기 위해 몸부림치는 동안 가지가 부러지고 찢어져 허리가 꺾이어 쓰러진 나무의 모습처럼 크나큰 고통으로 다가오는 게 사랑이어서, 제자리에 서서 바라만 보는 사랑도 있다.

물론 그런 아픈 사랑 속에서 시도 나오고 노래도 나오고 예술작품도 창조되어 사랑으로 아픈 우리들이 위안도 받곤 하는 것이지만, 사랑의 신은 인간의 여린 마음을 향해 너무 많은 화살을 날린다. 너무 많은 물살, 너무 많은 바람을 보내 끊임없이 흔들어 놓는다.

그 바람, 그 화살에 지금 이 순간에도 흔들리지 않는 사람 어디 있으랴.

LETTER. 33

당신은 시를
진정으로 사랑하는가

"요즘 시가 안 써져서 죽겠어요. 어떻게 하면 좋지요?"

이렇게 물어 오는 사람이 있을 때면 나는 그에게 되묻는다.

"당신, 요즘 시를 진정으로 사랑하세요?"

"당신이 시를 진정으로 사랑하면 시도 당신을 사랑합니다. 그러나 입으로는 시를 사랑한다고 하면서 다른 것을 사랑하고 있으면 시도 당신을 사랑하지 않는 겁니다. 생각해 보세요. 누군가를 사랑한다고 하면서 본처는 본처대로 두고 소실은 소실대로 두어 딴살림을 차리고 있다든가, 이 사람 저 사람에게 한눈팔고 있으면 그도 당신을 사랑하겠습니까? 그러면서 어느 날 갑자기 당신이 사랑한다고 매달려 보세요. 시는 당신에게서 마음이 떠나 있는데 달려들어 밤새 새로운 시를 잉태하겠다고 덤벼들어 보세요.

그건 시에 대한 강간입니다. 서양에서는 부부 사이에도 원치 않는 일방적인 성행위가 진행되면 강간이라 한다는데, 시와 내가 오랫동안 한 몸으로 살아왔다고 해서, 시가 당신에게 마음을 두고 있지 않은데 억지로 시의 몸을 발가벗긴다고 해서 아름다운 시가 나오겠어요? 어떤 예술이든 마찬가지예요. 혼신을 다해서 사랑하고 매달릴 때 아름다운 예술이 탄생하는 거예요."

그랬더니 옆에 있는 또 한 사람이 이렇게 이야기한다.

"짝사랑도 사랑이잖아요?"

"그렇지요. 사랑은 사랑이지요. 그러나 몸과 마음을 다해 함께 하는 사랑일 때 그게 더 완전한 사랑이지 않을까요?"

"반쪽의 사랑, 이른바 불구의 사랑이 아니라 사랑의 관념이 몸이라는 실체를 만날 때 생동감 있는 모습으로 형상화되어 나타난다는 것이지요. 그 실체를 만나는 과정의 문제를 우리가 고민하는 것인데, 핵심은 진정성이지요. 내가 진심을 다해 사랑해야 한다는 것이 제일 중요하고 그렇게 되면 나의 진정성이 반드시 그것을 움직이게 한다는 것이지요. 반드시 그를 만나겠다는 각오와 열정, 그것이 있으면 길을 만나게 되지요. 방법도 찾게 되구요. 그리고 일찍 포기하거나 조급해하지 않고 오래오래 기다릴 줄도 알게 되구요."

"저한테 어떻게 하면 좋으냐고 묻지 마시고 자신에게 먼저 물어보세요. 시가 왜 내 곁을 떠났을까?"

"나는 지금 시를 진정으로 사랑하고 있는가?"

마찬가지로 나는 다른 사람에게도 묻는다. 자기가 하고 있는 일에 만족을 느끼지 못하고 힘에 겨워하며 때론 좌절하는 모습으로, 때론 자기 자신에게 가장 실망을 느끼는 모습으로 어떻게 하면 좋으냐고 묻는 사람들에게.

"당신은 지금 당신이 하고 있는 일을 진정으로 사랑하는가."

LETTER. 34

사랑받는 세포일수록
건강하다

"요즘 건강 어떠세요?"

오랜만에 만나는 사람에게서 이런 인사를 자주 듣는다. 몇 해 전 몸이 안 좋아 여러 번 병원 신세를 진 적이 있기 때문이다.

그때마다 "네, 좋아요" 하고 대답한다.

그러면 그쪽에서 "정말 좋아졌어요?" 하고 다시 묻는다.

"네, 좋아지고 있다고 믿기로 했어요."

"내가 건강 안 좋다고 해 봐야 좋아할 사람들은 따로 있는데, 자꾸 좋아지고 있다고 소문을 내야지요."

그러면서 서로 웃는다. 건강에 대한 인사는 좋다고 이야기해야 묻는 쪽이나 대답하는 쪽이나 서로 기분이 좋아진다. 그렇게 정신 건강에 좋은 얘기를 나누다 보면 실제로 몸이 좋아지는 것 같은 기분이 든다.

얼마 전에 어떤 책을 읽다가 내가 하는 이런 이야기들이 아무 근거가 없는 건 아니구나 생각하게 되었다. 사랑받는 세포일수록 건강하다는 것이다.

즉 정상 세포는 동식물을 막론하고 주변 환경, 먹는 것, 운동하는 것 모두를 예민하게 감지한다고 한다. 식물은 태양에서 오는 빛에 예민하게 반응하며 동물에게도 세포조명이라는 현상이 있어서 표시를 한다는 것이다. 예를 들면 해수욕장에서 등에 광채가 나는 현상이나 성인들이 내는 특수한 빛인 발광, 사랑하는 사람들의 얼굴에서 빛이 나는 현상들을 말한다.

정상 세포는 빛에 반응하여 반사하는데 암세포는 반사하지 않는다. 정상 세포는 일반 빛에도 반응하지만 사랑이라는 에너지에는 더욱 강력하게 반응한다.

쥐와 원숭이를 실험해 본 결과, 사람의 사랑을 받는 동물은 오래 산다고 한다. 과학자들은 쥐의 수명이 약 750일이라고 했는데, 실험 결과 쥐가 사람의 사랑을 받으면 950일을 살 수 있다는 것이다. 반대로, 소외되어 자란 동물은 성격이 포악해지며 동족을 물어 죽이기까지 한다.

이 두 그룹의 두뇌를 해부해 본 결과 사랑을 받은 쥐는 신경세포가 보통 동물보다 양적으로 많았으며, 고독하게 자란 동물은 신경세포도 고독하게 보인다는 것이다. 이것은 사랑이라는 에너지가 동물의 몸에 들어가 뇌세포 성장 호르몬을 생성하는 인자를 자극해서 결국 뇌세포를 증식하게 한 증거라고 한다.

그래서 사랑받는 세포는 암도 이긴다는 것이다. 많은 질병이 스트레스와 과로에서 온다고 하는데 소외감, 고립감, 낙오와 실패에 대한 두려움, 성공에 대한 무리한 집착, 소유와 경쟁에 대한 강박관념, 이런 것을 견딜 수 없을 때 정상적인 정신 구조, 세포 활동 등에 이상이 생기는 것이고 그것이 질병으로 신호를 보내는 것이다.

자기가 하는 일에 만족을 느끼고 주위에서 사랑과 인정을 받고 있다고 생각하며 자기 자신과 남에게서 기쁨과 희망을 발견하는 삶은 광채가 날 것이 분명하다.

욕망의 기대치를 낮추면 행복의 수치가 높아지는 법이다. 그렇게 자기 자신에게 기쁨이 되는 쪽으로 생각하고 믿고 행동하면 자기 몸속의 세포가 사랑으로 받아들이고 반응할 것이며, 그 반응은 결국 사람의 얼굴에 사랑으로 빛을 내지 않겠는가.

LETTER. 35

너는 누구에게 한 번이라도
뜨거운 사람이었느냐

연탄은, 일단 제 몸에 불이 옮겨붙었다 하면

하염없이 뜨거워지는 것

매일 따스한 밥과 국물 퍼먹으면서도 몰랐네

온몸으로 사랑하고 나면

한 덩이 재로 쓸쓸하게 남는 게 두려워

여태껏 나는 그 누구에게 연탄 한 장 되지 못하였네

생각하면

삶이란

나를 산산이 으깨는 일

눈 내려 세상이 미끄러운 어느 이른 아침에

나 아닌 그 누가 마음 놓고 걸어갈

그 길을 만들 줄도 몰랐었네, 나는

　이 시는 안도현 시인의 시 「연탄 한 장」의 뒷부분이다. 우리 주위에는 흔하게 만나고 금방 스쳐 지나가 버리는 많은 것들이 있다. 차창 가로 스쳐 지나가면서 늘 보는 것들이지만 관심을 갖고 눈여겨보느냐 그러지 않느냐에 따라 의미가 달라진다.

　시인이나 예술가는 보통 사람들이 하찮게 생각하고 흘려보내는 것들 속에서 삶의 남다른 의미를 발견해 내는 사람들이라는 생각을 할 때가 있다. 그런 시인의 눈을 얼드리치라는 평론가는 단순히 사물을 시각적 대상으로만 바라보는 '관찰'이라는 개념과 구분하여 '간파看破'라는 말을 썼다. 눈으로 본다고 해서 다 보는 게 아니라 우리가 바라보는 대상 속에 들어 있는 삶과의 관련, 삶의 깊은 의미를 캐낼 수 있는 눈으로 제대로 바라보아야 한다는 것이다.

　안도현 시인은 연탄 한 장을 바라보다가 "일단 제 몸에 불이 붙었다 하면 하염없이 뜨거워지는" 속성에 대해 생각한다. 지금까지 자신은 다 타고 나서 한 덩이 재로 쓸쓸하게 남는 게 두려워 "그 누구에게도 연탄 한 장 되지 못하였"던 삶을 살아왔구나 하고 반성한다. 남김없이 자신을 태우는 일의 두려움, 일의 끝에 맞닥뜨려야 하는 허무감, 이런 것들에 지레 겁을 내고 아무 실천도 하지 못했던 자신의 삶을 찬찬히 돌이켜 보는 것이다.

인생은 언제나 죽음으로 끝나게 되어 있으니 목숨을 갖고 이 세상에 태어나는 일은 의미 없는 일이라고 단정해 버린다면 인간의 삶은 얼마나 무가치하게 느껴질까.

마찬가지인 것이다. 이 세상 사는 동안 우리가 하는 일이 결국 타고 남은 재처럼 쓸쓸한 결말로 내게 온다 할지라도 의미 있다고 여기는 일을 위해 몸을 활활 태우는 일, '나 아닌 그 누구에게 기꺼이 연탄 한 장 되는' 일 그 자체로서 삶은 의미 있는 것이 될 것이다.

안도현 시인은 거기서 한발 더 나아가 그 허무한 한 덩이 재마저 산산이 으깨어 미끄러운 세상에 마음 놓고 걸어갈 길을 만드는 일에 바치는 삶이 있다는 것을 생각한다.

> 연탄재 함부로 발로 차지 마라
> 너는
> 누구에게 한 번이라도 뜨거운 사람이었느냐

안도현 시인은 또 다른 시 「너에게 묻는다」에서 우리에게 이렇게 묻는다. 단 한 번 누구에게라도 뜨거운 사람이지 못했던 사람은 연탄재 하나라도 함부로 차지 말라는 이 말은 연탄재 하나보다 더 뜨거운 삶을 살아야 하지 않겠는가 하는 수사적 반어로 읽힌다.

시집을 덮으며 나도 나에게 그리고 당신에게 묻는다.

"너는 누구에게 한 번이라도 뜨거운 사람이었느냐."

LETTER. 36

가을에는 기도하게 하소서
고독하게 하소서

 가을은 어떻게 오는가. 돌아서는 길에 문득 발등에 떨어지는 낙엽 한 장을 따라오거나 꽃밭 위에 내리는 순한 저녁 햇살을 타고 오기도 한다. 아침에 창을 열면 어느새 낮아진 바람의 체온을 따라 소슬하게 팔에 감기며 가을이 오는 걸 느낄 때도 있다.

 세월, 아무래도 세월의 흐름에 대해 제일 많이 생각하게 하는 시간이 가을이 아닌가 싶다. 이룩해야 할 것, 이룩해 놓은 것에 대해서도 되돌아보게 하고 낙엽 한 장을 바라보다 문득 오랫동안 보지 못한 벗들을 생각하게 하는 계절이기도 하다.

 사람마다 가을이 와 있는 걸 보며 생각하고 느끼는 것이 다르겠지만, 이 가을 김현승 시인의 오래된 시집을 꺼내「가을의 기도」한 편쯤 다시 읽어 보는 것도 좋으리라.

김현승 시인은 가을이 오는 걸 보면서 제일 먼저 기도에 대해 생각했다.

"가을에는 기도하게 하소서."

이렇게 노래했다.

낙엽이 지는 걸 보면서 생명 가진 것들이 반드시 겪지 않으면 안 되는 소멸과 죽음, 이런 것들에 대해 생각하고, 그러고는 겸허해지는 인간의 마음…….

김현승 시인이 이야기한 기도하는 겸손한 마음으로 가을을 맞는다면 그 가을은 허황되지 않고 감상과 센티멘털함으로 얄팍해지지 않을 것이다. 그리고 그렇게 기도하는 마음으로 "사랑하게 하소서 오직 한 사람을 택하게 하소서" 이렇게 노래한 것을 우리는 기억하고 있다.

문면 그대로 내가 사랑하는 오직 한 사람을 사랑하게 해 달라는 의미로 받아들여도 가슴이 서늘하다. 물론 김현승 시인이 이야기하려는 더 속 깊은 의미는 그 한 사람이 종교와 관련하여 생각한 대상일 것이다.

봄에 꽃 피고 여름에 땀 흘려 가꾼 것들의 아름다운 열매와 결실에 대해서도 생각하고 그런 결실을 위하여 기름지고 풍요로운 시간을 보낼 수 있는 때가 가을이라고 생각하면 가을은 조락의

계절이 아니라 생산의 계절이다.

그러면서 사람들이 저마다 느끼는 뿌리 깊은 고독…….

가을에는 그런 게 없을 수 없다. 뜨거운 여름과 같은 파도치는 인생의 굽이굽이를 지나오기도 했고 아름다운 꽃, 순결한 영혼들이 모여 있던 골짜기도 지나와서 마른 나뭇가지 위에 홀로 앉아 있는 한 마리 외로운 까마귀처럼 고독한 자세로 이 계절 앞에 서야 할 때도 있다. 때로는 그 어떤 것으로도 위안이 될 수 없는 절대 고독, 오직 자신만이 그것과 맞서 철저히 외롭게 싸우고 견디고 일어서야 하는 그런 고독감 속에서 바람을 헤치며 가야 할 때도 있을 것이다.

기도와 사랑과 고독에 대해서 생각하게 하는 계절, 가을. 김현승 시인이 가려낸 가을의 이 세 가지 정서를 생각해 보는 것만으로도 가을은 충분히 의미 있는 시간이 되지 않을까.

LETTER. 37

봄으로부터의 편지

저는 봄입니다. 제가 어디쯤 와 있는지 아시는지요. 아니, 제가 그동안 어디에 있었는지 아시는지요. 눈보라와 그 눈보라를 끌고 캄캄한 허공에서 달려오는 바람이 온 들을 덮었을 때, 사람들은 저를 까맣게 잊고 있었습니다. 그러나 흙빛으로 변한 이파리를 머리에 쓰고 대지에 바짝 엎드려 그 눈발을 견디면서 저는 원뿌리 밑에 살아 있었습니다.

개울도 강물도 꽝꽝 얼어붙어 바다로 가는 모든 길들이 숨을 죽이고 있을 때, 두꺼운 얼음장 밑에서 저는 소리 내어 흐르며 산골짝과 강줄기를 이어 주고 있었습니다.

저는 올겨울 내내 함성을 들었습니다. 들판의 풀처럼 많은 이들이 지르는 그 함성 곁에 있었습니다. 물가의 돌처럼 많은 이들이 함께 모여 외치는 소리를 들으며 거기 함께 있었습니다.

아직 일일이 다 통성명을 하지 않아 이름을 알 수는 없지만 이 땅에 따스함을 불러오는 건 내가 아니고 그들임을 알았습니다.

그들은 방 안에 갇혀 아무 일도 하지 않으면서 이 땅에 다시 봄이 오기를 기다리는 사람들과 달랐습니다. 가진 것을 지키기에 급급하여 몸을 사리는 사람들과도 달랐습니다. 겨울바람이 몰아치면 함께 따뜻하게 살 생각을 하지 않고 우선 제 몸을 감쌀 털옷을 마련하느라 정신이 없는 그런 사람들과도 달랐습니다.

얼어붙은 이 땅을 녹이는 것이 산골짜기나 논둑, 밭고랑에 뿌리내려 자기 자리를 지키며 북풍한설과 싸우는 풀과 나무들인 것처럼, 저를 불러내는 것도 그들이 자기의 삶터에 모여 함께 외치는 거센 몸짓과 함성임을 알았습니다. 그들이 이 땅의 진짜 주인임을 알았습니다.

그들의 목소리는 성당의 종소리보다 멀리 퍼져 갔고 많은 이들의 가슴을 파고들었습니다. 그들은 따스한 자리에 앉아 봄을 구걸하지 않았고 비겁하지 않았습니다. 원칙 없는 해빙을 요구하지 않았고 당당했습니다.

얼음장 밑에서도 잠들지 않고 깨어 있어 마침내 그 얼음을 녹이고 들판을 가로질러 흘러내려 가 온 산천을 깨우는 물줄기처럼

그들이 이룬 물결은 힘찼습니다.

한겨울 내내 나는 그들과 함께 있었습니다. 겨울의 한복판에서 나를 불러내는 이들은 그들이었습니다.

나는 이제 낮고 높은 산들을 넘어 여러분 가까이에 와 있습니다. 푸른빛을 되찾는 씀바귀와 꽃다지의 모습으로 와 있고, 회색의 나무줄기를 연두색으로 바꾸는 가지 끝 여린 줄기로 와 있습니다.

눈을 들어 찬찬히 이 나라 산천을 살피는 이들은 저를 보실 수 있습니다. 아파트 창가에 심어진 모과나무의 여린 눈으로 열리고 있고 그물을 손질하는 어부들의 마을 산수유나무 샛노란 가지에도 앉아 있습니다.

사람들은 저를 희망이라고도 부릅니다. 그러나 저는 여러분이 희망이라고 생각합니다. 겨울이 지나고 때가 되면 으레 나타나는 제 모습이 희망이 아니라, 손에 손을 잡고 숲을 이루어 겨울에 맞서고 봄을 이루어 가는 여러분이 희망입니다.

여러분이 깨어 있고 살아 움직이며 사람이 사람답게 살 수 있는 세상을 만들어 갈 때 이 땅에 희망은 살아 있는 것입니다.

여러분이 저를 사랑하고 기다리듯, 저도 여러분 곁에 늘 함께 있습니다.

LETTER. 38

사랑하면 보인다

내가 배롱나무를 알게 된 것은 얼마 되지 않는다. 그동안에도 다른 사람들이 배롱나무에 대해 이야기하는 소리를 듣지 못했던 것은 아니다. 그러나 다른 사람들이 이야기를 하고 배롱나무꽃 사진을 보여 주고 해도 별로 관심을 두지 않았다.

그러던 어느 날, 정자를 고즈넉하게 바라보고 서 있는 배롱나무를 발견하고는 그 모습이 하도 아름다워 그 꽃에 다가가게 된 이후, 주위에 그토록 많은 배롱나무가 있는 걸 보고 놀라지 않을 수 없었다.

늘 다니던 길 옆의 배롱나무는 진분홍 꽃을 소리 없이 피워 놓고 서 있었다. 가장 뜨거운 한여름부터 가을까지 배롱나무는 꽃을 피운다. 가장 뜨거운 계절에 꽃을 피우면서도 그 자태는 참으로 가녀리다. 말없이 한 발짝 물러서 있는 모습이다. 보송송한 작은 꽃잎 일고여덟 개가 모여 한 꽃숭어리를 이루고 있다. 레이스 자락같이 섬세하고 아름다운 이 꽃이 백 일을 핀다 하여 목백일홍이라 부르기도 한다.

그런데 이 꽃이 늘 다니던 길에 피어 있어도 알지 못하다가 꽃의 아름다움을 발견하고부터 배롱나무가 눈에 보이기 시작한 것이다.

먼 길을 갈 때는 그 길 내내 배롱나무가 따라오는 것 같았다. 그 길을 가는 동안 지루하고 피곤하여 몸이 굳어져 올 때면 배롱나무는 옆에 와 있는 것이다. 지쳐 쓰러질 것 같을 때 배롱나무는 꽃그늘을 만들어 놓고 그 옆에 서 있곤 했다.

내가 절망하고 돌아올 때, 손가락질받고 실의에 빠져 있을 때, 배롱나무는 매끈한 가지에 기댈 수 있도록 제일 굵은 가지를 내주었다. 어느 날 정말 모든 것을 포기하고 싶어 아무도 없는 곳을 홀로 찾아갔을 때 배롱나무는 거기까지 와서 저도 꽃잎을 툭툭 떨구며 서 있는 것이다.

어디로 가야 할지 길이 보이지 않아 주저앉아 있을 때 꽃 하나가 백 일을 피어 있는 게 아니라 꽃이 지면 다시 새 꽃봉오리를 피워 올리고 무수히 거듭나고 거듭나서 꽃은 져도 꽃나무는 여전히 환하고 아름다운 것임을 보여 주는 것이다.

갈림길에서 어디로 가야 할까 고민하다 길을 잘못 들었을 때 건너편 길에 서서 그 길이 아니라고 이 길로 오라고 말없이 잎을 날리며 서 있는 것이다.

사랑하기 전까지는 많은 나무들 사이에 섞여 보이지 않다가 사랑을 하게 된 뒤로는 보이기 시작한다. 어디에 있어도 보이고, 내가 어느 곳에 가든지 거기까지 따라와 함께 있는 걸 알게 되었다.

그렇다. 사랑하면 보인다. 꽃이든 나무든 사람이든 사랑하면 비로소 그가 보인다. 어디에 있어도 늘 함께 있는 그가 보인다. 참으로 아름다워 그 꽃을 떠나지 못하다가 돌아서면 다시 그리워지는 꽃. 배롱나무가 내게 그런 꽃이 되어 버렸듯 사람마다 그런 사랑이 있을 것이다.

눈을 들어 잘 보라. 당신 가까이에 그런 꽃이 있다. 늘 보고 있으면서도 보이지 않다가 비로소 눈에 보이는 꽃. 그런 사랑스러운 꽃이 당신 곁 어딘가에 있다.

사랑하면 보인다.

LETTER. 39

결실의 계절 앞에서

백일홍꽃 위에는 가을 햇살도 노랗게 내리는가. 아늑한 가을 오후의 햇살이 손에 잡힐 것만 같다. 사과 빛을 연두색에서 서서히 분홍으로 바꾸어 가는 햇살. 인적 드문 들길에서 코스모스의 살갗을 매만지기도 하다 대추알 위에 앉아 한잠을 자고 일어났는지 대추알 얼굴 한쪽만 붉게 만들어 놓고 들녘으로 부랴부랴 달려 나간 가을 햇살.

가을 오후는 저녁 햇살과 함께 소리 없이 농익어 간다. 가을 햇살이 소리 없이 다녀간 발자취를 우리는 결실이라 부르는가 보다.

"좋은 나무는 못된 열매를 내지 않는다"고 했는데, "못된 나무가 좋은 열매를 내는 법 없고" "가시나무에서 무화과를 거둘 수 있으며, 엉겅퀴에서 포도를 거둘 수 있느냐?" 이렇게 묻는 소리를 들은 적이 있는데, 이 한 해 나는 어떤 결실을 기다리고 있는 걸까.

며칠 전 옳은 일을 하려다 감옥에 갇힌 이를 면회하러 교도소에 들렀다가 제자들을 만났다. 그들도 감옥에 가 있는 제 동료들을 면회하러 와 있었다. 그저 만나면 반갑게 다가와 90도로 허리 굽혀 인사하는 그들이 아직도 천진하게만 느껴지는데, 그들은 주먹을 휘두르고 돈을 빼앗고 일정한 직업 없이 여기저기 몰려다니며 젊은 날을 보내고 있다.

좋은 나무는 못된 열매를 내지 않는다고 했는데 나는 가시나무였을까, 엉겅퀴였을까. 지붕을 성글게 엮어 놓으면 비가 새어 드는 법이라고 했는데, 나는 성근 지붕인 채로 아무렇게나 아이들을 머물게 하고 비가 새는 집을 떠나와 버린 것은 아닐까.

똑같은 나무에서 좋은 열매도 열리고 썩은 과일도 열린다. 잘 영근 열매도 그 나무에서 열린 것이고 상한 열매도 그 나무가 낸 것이다. 똑같은 교실에서 똑같은 이야기를 하며 가르쳤는데 술집으로 가는 제자가 있고 수녀원으로 가는 제자가 있다.

생각해 보니 무릇 선생 노릇을 하면서 잘된 제자들만 내 제자라고 자랑하고 비뚤게 나간 제자들은 내 제자가 아니라고 나 편한 대로만 생각해 온 것 같다.

그동안 나는 제대로 씨 뿌리고 밭 갈고 잡초를 뽑아 주며 곡식을 키운 것이 아니라 밭 가는 법, 황무지에서 살아남는 법을 일방적으로 일러 주고는 밭둑에 앉아 농부인 체하고 있었던 것은 아닐까. 씨 뿌린 것을 제대로 가꾸지 않고 곳간만 크게 지어 놓은 채 수확을 기다려 온 허황한 농부는 아니었을까.

 제자들에게, 자식들에게, 내가 만난 많은 사람들에게, 내가 쓴 모든 글 앞에 나는 허황한 농부가 아니었을까.

 햇살이 필요할 땐 있는 것을 다 내주는 여름 햇살, 가을 햇살이었다가 비가 필요할 땐 구름 뒤에 몸을 숨겨 주는 넉넉한 하늘이지 못하고 조급하고 욕심에 가득 찬 채 어리석게 결실만을 기다리고 있는 사람은 아닐까, 이 가을에 나는.

CHAPTER 4

나는 지금
어떤
나무일까

억지로 많은 꽃을 피우고 열매를 맺으려다
가지가 부러지는 나무처럼 살기보다는 보잘것없는
꽃이 피어도 그걸 보며 좋아하는 사람이 있으면
기뻐할 줄 아는 나무가 되어야 한다.
날개를 접고 쉴 곳을 찾던 새 한 마리 날아와 편안히 쉬다
갈 수 있다면 잠시 그런 자리를 내줄 수 있는 것만으로도
족한 그런 나무이어야 한다.

LETTER. 40

작아지지 말자

김광규 시인의 시 중에 「작은 사내들」이라는 시가 있다.

작아진다

자꾸만 작아진다

(…)

얼굴 가리고 신문을 보며 세상이 너무 평온하여 작아진다

넥타이를 매고 보기 좋게 일렬로 서서 작아지고

모두가 장사를 해 돈 벌 생각을 하며 작아지고

들리지 않는 명령에 귀 기울이며 작아지고

제복처럼 같은 말을 되풀이하며 작아지고

보이지 않는 적과 싸우며 작아지고

수많은 모임을 갖고 박수를 치며 작아지고

권력의 점심을 얻어먹고 이를 쑤시며 작아지고

배가 나와 열심히 골프를 치며 작아지고

칵테일 파티에 나가 양주를 마시며 작아지고

이제는 너무 커진 아내를 안으며 작아진다

(…)

작아졌다

그들은 충분히 작아졌다

성명과 직업과 연령만 남고

그들은 이제 너무 작아져 보이지 않는다

일상에 묻혀 점점 왜소해져 가는 우리들의 삶의 모습을 '작아진다'는 말로 꼬집고 있는 이 시를 읽으면 어딘가 꼭 내 삶의 한 단면을 보고 이야기하는 것 같다. 관습에 얽매여, 제도에 길들여져서, 돈의 노예가 되어, 습관처럼 우리는 우리가 그토록 경멸하던 인간의 모습을 닮아 갈 때가 있다.

권력 앞에 너무 약한 존재여서 학연, 지연 같은 여러 끈들로 자신을 붙들어 매 놓지 않으면 어딘가 불안하고 소외되는 듯하여 나 자신의 본래 모습을 잃어버리고 살 때도 많다.

새로움을 향하여 끊임없이 자신을 던지는 일이 버겁고 조심스러우며 그저 평온하게 살고 싶어 하는 동안 나도 모르게 안정만을 희구하는 사람이 되어 버리고 말거나 게으름이 몸에 배어 버리는 수도 많다. 그러는 사이 내 삶은 늪처럼 썩어 가고, 정체해 버리는 줄 알면서도 몸은 편안함만을 추구하는 쪽으로 자꾸 기울어지는 것이다.

　옛말에 "활어活魚는 역수逆水하고, 사어死魚는 유수流水한다"는 말이 있다. '살아 있는 고기는 맑은 물을 찾아 거슬러 올라가며 살고, 죽은 고기는 흙탕물이든 더러운 물이든 구분하지 못하고 그냥 떠내려간다'는 뜻이다.

　오늘 우리의 삶은 어떨까. 살아 있음을 스스로에게 인식시키며 아직도 신선한 물을 찾아 움직이고 더 나은 삶을 향해 도전하고 몸을 던지는 사람도 있을 테고, 이미 새로운 삶의 희망 같은 것은 거의 잊은 채 습관처럼 일상에 몸을 맡기고 아래로 아래로 떠내려갈 뿐인 삶을 사는 사람도 있을 것이다. 시련과 고난의 빗줄기에 젖으면서도 그것을 끝없이 끌어올려 꽃을 피우는 봄나무 같은 사람도 있는가 하면, 삶의 의욕도 잃고 기력도 쇠한 채 시드는 가을 풀처럼 세월의 흐름에 몸을 맡겨 버린 사람도 있다.

　우리의 세계와 우리의 인생은 우리가 움직이는 만큼만 변한다.

봄나무들이 저마다 피우는 꽃의 양과 크기는 뿌리와 줄기와 가지가 살아 움직인 만큼의 크기다.

이 봄에는 작아지지 말자. 꽃처럼 물고기처럼 살아 움직이자.

나는 지금 어떤 나무일까

 산에 가 보면 시원스럽게 잘 자란 나무들이 많다. 훤칠한 키에 곧게 뻗은 모습이 보기에도 참 좋다. 마을 어귀에 서 있는 오래된 느티나무는 바라보기만 해도 얼마나 정겨운가. 봄가을에 과일을 주렁주렁 달고 선 나무는 또 얼마나 사람의 마음을 풍요롭게 하는가. 해가 바뀔 때마다 봄소식을 먼저 알려 주는 산수유나무나 목련나무는 얼마나 사람의 가슴을 설레게 하는가.

 그런 나무들을 바라보다가 내가 만약 저 많은 나무들 중 하나라면 나는 지금 어떤 나무에 해당할까 생각해 본다. 큰 집의 대들보로 쓰일 수 있을 만한 나무일까, 누구나 좋은 재목이라고 탐낼 만큼 곧게 자란 나무일까, 사람 사는 동네 어느 곳에 있어도 그곳을 아름답게 만들 수 있는 아름다운 꽃나무쯤은 될까.

혼자 골똘히 자신에 대해 생각해 보면 나는 부족하기 이를 데 없는 나무라는 생각이 든다. 그저 무슨 자기 비하나 좌절감에 빠져서 그렇게 생각하는 것이 아니라 내가 나 자신을 잘 알기 때문이다. 우선 나 자신을 갈고 닦는 일에 너무 소홀해서 속이 제대로 차 있지 않다.

수기치인修己治人이라는 말이 있다. 먼저 자기 자신을 갈고 닦은 뒤 남을 다스린다는 말이다. 남을 다스리고 세상을 다스리려는 사람은 자기 자신에 대한 수양이 먼저 되어 있어야 한다는 뜻이기도 하다.

다른 사람과 세상을 비판하고 바로잡아야 할 일을 생각하고 실제로 그런 일들을 하며 살아오는 동안 거기에만 매몰되어 자기 자신이 먼저 갖추어야 할 것에 상대적으로 소홀하였음을 반성하지 않을 수 없다.

내 딴에는 줄기를 곧게 세운다 생각했지만 어떤 가지는 구부러지고 어떤 가지는 비비 꼬여 있는 걸 본다. 대들보는커녕 목재로도 쓰일 수 없는 상태가 되어 있다.

이 세상 어떤 새들이든 다 내 가지에 둥지를 틀어도 좋다고 큰소리치다 허리가 휘어 버린 나무 같지는 않나 하는 생각도 해 본다. 사람들이 요구하는 것들을 다 들어줄 수 있는 것처럼 말하다

가지와 줄기가 꺾이고 부러진 나무 같지는 않은가 하는 생각도 해 본다.

허세와 과욕과 무책임함을 거두고 본래의 제 모습으로 돌아와 저 스스로 피울 수 있는 만큼의 꽃과 이파리만으로 겸손해져야 하리라.

억지로 많은 꽃을 피우고 열매를 맺으려다 가지가 부러지는 나무처럼 살기보다는 보잘것없는 꽃이 피어도 그걸 보며 좋아하는 사람이 있으면 기뻐할 줄 아는 나무가 되어야 한다. 날개를 접고 쉴 곳을 찾던 새 한 마리 날아와 편안히 쉬다 갈 수 있다면 잠시 그런 자리를 내줄 수 있는 것만으로도 족한 그런 나무이어야 한다.

나무마다 다 있어야 할 제자리가 있고 크기가 있는 법인데, 자신이 짐 질 수 없는 것을 욕심낸다고 욕심만으로 무엇이든 다 이룰 수 있는 것은 아니지 않은가.

내가 부족한 나무면 부족한 대로 거기 서서 뿌리내리고 꽃피우며 그늘을 이루어 주면 되는 것이다. 이 세상 모든 나무들이 다 높은 하늘을 향해 올라가기만 하는 나무가 되어야 하는 것은 아니다.

LETTER. 42

어느 소리가
더 시끄러운가

 글을 쓸 일이 있어서 생각에 잠겨 있는데 과일 장수나 생선 장수의 시끄러운 확성기 소리가 동네 전체를 가득 메우며 울려 올 때가 있다. 그 소리 때문에 생각이 다 흩어지고 시상(詩想)이 달아나버릴 때면 얼마나 야속한지 모른다.

 내 생각에 몰두해 있을 때면 집안 식구들의 일상적인 소리나 이것저것 평범하게 물어 오는 물음조차 성가시게 느껴지기도 한다. 심지어는 짐승들 우짖는 소리나 창밖에서 동네 아이들 떠드는 소리도 참을 수 없을 때가 있다.

 그러면서도 내가 좋아하는 음악을 들을 때면 다른 식구나 이웃에게 방해가 되지 않을까 하는 생각보다는 음악이 듣기 좋구나 하는 생각에 더 깊이 빠져 음량을 얼마큼의 크기로 조절할 것인가는 생각지 못할 때가 있다.

나 역시 오랜만에 함께 먼 길을 가는 친구와 버스에 나란히 앉아, 출발할 때부터 도착할 때까지 쉬지 않고 줄창 떠들어 댈 때가 있으면서도 옆자리에 앉은 사람들이 떠드는 소리는 정말로 참기 힘들 때가 있다.

남이 떠드는 것은 소음이지만 내가 이야기하는 것은 남들이 이해해 주겠지 하고 편한 대로 생각하는 게 우리 인간이다. 살면서 내 처지에 서서 편한 대로만 생각하면서 남이 보기 싫어지고 미워지고 한심스럽게 느껴지는 때는 또 얼마나 많았던가.

며칠 전 어떤 책에서 이런 글을 읽었다. 장유라는 사람이 쓴 「와명부蛙鳴賦」라는 고전을 인용한 글이다. 개구리 울음소리를 들으며 객과 내가 이야기하는 형식을 취한 글이다.

나는 여름날 못에서 시끄럽게 울어 대는 개구리 울음소리를 괴롭게 여겨 모두 죽어 버렸으면 하는 마음을 갖는다. 이에 대해 객은 만물이 저마다 하늘로부터 받은 본성에 따라 살아가고 있음을 주지시킨 다음, 인간과 개구리를 비교해 가며 인간의 삶이 얼마나 하늘의 도에서 벗어나 있는지를 낱낱이 지적한다.

그에 따르면 개구리 우는 소리가 시끄럽다고 하지만 인간의 경우 온갖 거짓과 위선에 찬 말로 진실을 어지럽히며, 요상하거나 음란 괴이한 소리를 지껄여 댐으로써 참된 소리를 사라지게 하고 있을뿐더러, 모함하고 참소하는 말로써 동류를 해치고 어진 자를 없애며, 간사하고 사악한 말로써 변란을 일으키고 정도를 뒤엎고 있다는 것이다.

만물의 영장이라고 우쭐대는 인간의 실상이 이러한 데 반해 개구리는 더러운 연못에 살면서도 하늘이 내린 본성을 충실히 따르면서 동류끼리 다정하게 소리를 주고받으며, 사람에게 무엇을 구하는 법도 없고 물物을 거스르는 법도 없이 자재自在하게 살아가고 있다.

자기들끼리 소리를 주고받으며 만물의 이치 그대로 하늘이 주신 본성 그대로 자유자재하게 살아가는 개구리 소리조차 듣기 싫어하면서 정작 인간은 얼마나 어지러운 말과 소음과 궤변과 사악한 말을 지어내며 살아가고 있는가를 돌아보게 하는 글이다.

인간의 이런 모순과 오류는 모든 것을 자기중심적인 데 두고 사고하고 행동하는 데서 온다. 상대방의 처지, 다른 사람과 사물의 위치에서 생각해 보지 않고 자기 편한 대로만 판단하고 생각하는 데서 오는 것이다.

LETTER. 43

나뭇잎 하나의 소중함,
나무 전체의 아름다움

저녁노을빛이 아이의 얼어붙은 볼 색깔 같다. 복숭앗빛도 아니고 푸른 잿빛 기운이 저녁 산의 능선 위에 감돌며 붉은 빛깔과 함께 녹아 있는 하늘이, 마치 살얼음 어는 논가에서 해 저물도록 뛰어놀다 곱은 손 호호 불며 돌아오는 아이의 얼어붙은 볼에서 보던 색깔이다. 노을빛이 바람의 그 싸늘한 손에 조금씩 지워져 가듯 올 한 해도 저물고 있다.

올가을은 유난히도 단풍이 고왔다. 오가는 길에서 만나는 나무들의 단풍 빛을 볼 때마다 지난해에도 저렇게 아름다웠던가 반문해 보곤 했다. 어떤 때는 나만 그렇게 느끼는가 싶어 다른 사람들에게 물어보기도 했다. 올가을 단풍이 그토록 아름답게 물든 것은 여름이 지독하게 무더웠던 때문이라고 어떤 이는 말한다. 그도 그럴 것 같다.

　뜨거운 태양 아래서 초록빛을 지켜 낸 나무들일수록 가을이면 온몸을 다 던져 마지막까지 제 몸을 붉게 태우고 간다. 찬란하게 소멸해 가는 나뭇잎의 일생, 그 불타는 정열의 아름다움……. 소멸의 마지막 순간에 더욱 빛나는 아름다움의 극치를 단풍의 모습에서 확인하곤 한다.

　우리는 내가 하고자 했던 일에 대하여 최후의 순간까지 그렇게 몸을 던지며 살았을까. 출발할 때 가져왔던 녹색의 빛 그 마지막 한 점까지 붉게 태우고 나뭇가지를 떠나는 잎들처럼 뜨겁게 살고 바람 앞에 당당할 수 있을까. 한 해 또는 한 번의 일생을 그렇게 살고 후회 없이 바람에 몸을 던질 수 있을까. 정말 내가 원하는 한 가지 일에 매달려 후회 없이 살 수 있는 생이라면 얼마나 아름다운 삶일까.

　그런 삶을 사는 동안 우러나는 그 사람만의 빛깔, 그만의 향기를 갖고 살아가는 삶이라면 얼마나 아름다울까. 이 세상 수많은 나무들이 그렇게 후회 없이 몸을 던짐으로 해서 저마다 빛깔을 얻고 저마다 이름을 얻는 것처럼 우리 인간의 삶도 그럴 수 있다면 얼마나 향기롭겠는가.

　단풍 물든 숲을 자세히 들여다보면 조금씩 다른 제 빛깔을 지니고 있음을 발견하게 된다. 저마다 가졌던 태양을 향한 제 삶의 반원, 조금씩 다른 지향점과 제가 가질 수 있던 나뭇잎의 크기와 높이와 수에 따라 그들은 제 빛깔로 익어 온 것이다. 그리고 그런 독특한 제 빛깔로 산은 한 폭의 조화로운 우주를 이루고 있다.

참나무는 참나무로서 제 길을 걸어오고, 오리나무는 오리나무로서 제 이파리를 가졌으며, 백양나무는 백양나무 빛깔이 제 개성임을 믿고 당당하게 뿌리 내리고 서 있다.

고란사 가을 단풍을 보고 올 때 더욱 그런 생각이 들었다. 어떤 나무 하나 아름답지 않은 것이 없었다. 단풍 물든 나무 한 그루 한 그루마다 아름답지 않은 것이 없었고, 절 주위 전체 경관 또한 어느 곳에서 바라보아도 아름답지 않은 곳이 없었다.

산길을 오를 때마다 어서 저 아름다운 경치의 한가운데로 들어가 보아야지 하고 설레게 되는데, 가다 보면 정말로 아름다운 경치들을 다 못 보고 뒤에 두고 가는 것 같아 또 발걸음이 묶이곤 한다.

백마강에서 고란사로 올라가는 계단 계단이 그렇고, 고란사로 갈라져 들어가는 입구에서 바라보는 핏빛 단풍나무 사이의 고란사 풍경이 그렇고, 약수 한 잔을 마시고 나오다 듣는 추녀 끝 풍경 소리 너머 미치도록 아름다운 샛노란 은행잎, 그리고 그 사이로 강줄기가 문득문득 푸른 손을 저으며 감돌아 가는 풍경이 그러하다.

한 번의 풍경 소리에 몸을 던지는 열 개의 은행잎, 금강경 한 소절을 들으며 허리가 굽은 나무둥치, 강물 위를 미끄러지듯 날아가는 물새 몇 마리……. 하나하나가 한 장의 아름다운 그림이면서 그것들의 총집합인 고란사 풍경.

하나하나의 아름다움이 살아야 전체 풍경의 아름다움이 제 모양을 갖추게 되는 것이며 전체의 조화로움은 한 그루의 나무, 한 마리의 물새가 다 저 나름의 개성으로 살아 있어야 이루어질 수 있다는 사실을 확인하게 된다.

사람살이의 아름다움도 마찬가지다. 모둠살이일 때는 더욱 그러하다. 전체를 강조하다 보면 부분을 소홀히 하기 쉽고 부분만 강조하다 보면 조화를 일그러뜨리게 된다. 한 사람 한 사람이 활기차게 살아 움직이도록 북돋워 주어야 전체가 살아 있는 생명력을 얻게 되며, 한 사람 한 사람이 전체 속에서 제 위치와 역할을 잊지 않아야 모둠살이의 꼴과 틀을 아름답게 이루어 갈 수 있는 것이다.

전체만을 강조하여 개인이 살아 숨 쉴 수 있는 틈을 주지 않는 숲은 풍성하기는 하되 발길을 들여놓을 수 없게 만들며, 부분만을 고집하여 조화를 이루지 못하는 산은 아예 눈길조차 잘 가지 않는 산이 되고 만다. 집단의 중요성만 고집하다 기어이 전체주의에 빠지고 마는 역사를 우리는 보아 왔으며 부분의 특수성만을 강조하다 이기주의와 독선에 빠지고 마는 편협함도 많이 보아 왔다. 하나는 여럿을 위하여, 여럿은 하나를 위하여 살 수 있는 삶은 그래서 더욱 소중하다.

올 한 해는 하루하루 최선을 다한 날들의 집합이었을까. 올 한 해의 삶을 갈무리하며 초겨울 바람 앞에 거리낌 없이 몸을 던지는 나뭇잎들처럼 나도 내 열정과 땀방울 모두를 아낌없이 던진 삶이었을까…….

바람이 분다. 또 한 해가 가고 있다.

LETTER. 44

마음속의 불

 몸이 아파서 자리에 눕게 되니까 마음이 텅 비어 간다. 그동안 견딜 수 없을 정도로 몸이 피곤한 날이 많았다. 끊임없는 일 속에서 정신없이 뛰어다녔다. 눈 똑바로 뜨고 있지 않으면 안 된다는 생각에 내가 맡은 일의 구석구석을 살피느라 분주한 나날이었다. 그래서 그런 건 아니겠지만 눈이 몹시 피로하였다.

 겉으로 드러나 보이는 것 말고 실상을 제대로 보아야 한다는 생각이 많았고 시 한 편을 쓰더라도 보이는 것 이상을 볼 줄 알아야 한다는 생각 때문에 보이는 것 이상의 의미를 찾기 위해 눈을 부릅뜨고 살아왔다.

 몸져눕기 얼마 전부터 눈이 땅기고 아팠다. 눈이 자꾸만 감기고 한참씩 눈을 꽉 감고 있어야 했다. 이제는 부릅뜨고 바라보던 눈을 어쩔 수 없이 감고 누워 있어야 한다. 깨달아 아는 것이 생기면 아는 만큼 실천해야 한다고 생각했다. 그래서 몸짓으로 행동으로 실천하기 위해 몸을 던져 왔다. 보고 듣고 알아서 아는 만큼 분노하게 되었고, 분노하는 만큼 몸도 마음도 거칠어지는 날이 많았다.

그래서일까, 몸을 가누지 못하고 자리에 쓰러져 누워 일주일이 지나고 열흘이 지나도록 제대로 활동할 수 없게 되자 의사인 친구가 이렇게 말한다.

"많은 것을 얻으려다 보면 하나도 못 얻는 수가 있어. 병이란 이제 좀 쉬어야 한다는 신호야. 더 이상 무리해서는 곤란하다는 몸의 신호니까 병이 드는 게 다행이라고 생각해."

생각해 보니 몸도 무리할 정도로 뛰어다녔지만 마음도 지칠 대로 지쳐 있었다. 분노하고 흥분하는 날이 많았고 그 분노가 결국은 내 몸을 태웠다는 생각이 든다. 병은 그런 데서 온다고 한다. 가슴속 화기火氣가 병의 근원이라는 것이다. 그 불기운이 병이 될 때 의사들은 그것을 스트레스라고도 하고 심인성 질환이라고도 하는 것 같다.

불교학을 전공하는 어떤 교수의 글에서 읽었던 체體·용用의 논리가 떠오른다. 몸짓으로 하는 용적用的 실천과 몸으로 하는 체적體的 실천을 비교하는 그 글을 읽으며 나는 물론 전자 쪽에 서 있다고 생각했지만, 가끔은 몸짓이 나오는 근원인 몸으로 돌아가 몸의 문제에 대해 생각하는 시간도 있어야겠구나 싶다.

후배 교사가 내 손에 수지침을 꽂으며 "허실보사虛實補瀉라는 걸 아셔야 합니다"라고 말한 적이 있다. 이렇게 정신없이 바쁘게 사는 동안 몸에는 모자라는 곳과 넘쳐나는 곳이 생기게 마련이라는 것이다. 그래서 허한 곳은 채워 주고 넘치는 곳, 무리가 따르는 곳은 덜어 내 주어야 몸의 균형이 잡힌다는 것이다.

집념, 의지, 분노 이런 정서의 밑바탕은 화火, 즉 불기운이다. 그 화기에 타던 몸을 눕히고 몸을 식히면서 초췌해진 몸의 빈자리로 허허로운 바람이 불어오는 동안 비로소 마음에 여유가 생기고 제자리로 돌아오는 것이 우리 몸인가 보다. 마음속에 타는 불은 마음속 바람으로 꺼야 하는가 보다.

몸이 아프면서 마음이 차츰 비워지고 집착을 버린 자리에 넉넉하게 생각할 수 있는 빈 공간이 생기는 것을 느낀다.

LETTER. 45

너도 밤나무?

이탈리아에 유학 가 계신 신부님한테서 편지 한 통을 받았다.

 한 사십 명쯤 되는 중학생들과 자전거 여행을 하다가 이상한 밤나무를 보았습니다. 아람이 벌어지는 모습이 너무나 탐스러워 한 입 깨물었다가 아주 고생을 하였습니다. 그 씁쓰레한 맛은 도토리의 아린 맛에 비교할 바가 아니었습니다.

 이게 너도밤나무? 생긴 것은 진실로 밤일진대 맛이 그러하니 기만당한 감정을 야유로 돌려서 사람들이 붙여 준 이름이겠죠. 주제에 네가 밤나무냐? 하는 거지요.

신부님의 이 편지 구절이 오랫동안 머릿속을 떠나지 않고 '너도밤나무, 너도밤나무' 하며 맴돌았다. 신부님은 돌아오는 길 내내 너도밤나무의 웃음소리를 들었다고 했다. '너도 사제? 너도 사람?' 이런 소리와 함께.

너도밤나무라는 이름은 외국 문학작품을 통해서나 플레처 같은 시인들의 시를 통해 여러 번 들은 바 있어 그저 아름다운 이국의 어떤 나무로만 막연히 알고 있었다. 그런데 이렇게 편지를 통해 그 모습을 생생히 알게 된 것도 새로웠지만 신부님의 명쾌한 통찰력으로 짚어 낸 말씀은 더욱 신선했다.

신부님 말씀대로 '너도 사람이니?' '너 정말 좋은 사람이니?' 이렇게 나 자신에게 물어보았다가 나는 아주 크게 부끄러웠다. 그런 사람의 모습에서 너무 멀리 떨어진 삶을 살고 있다고 생각했기 때문이다.

사람은 저마다 얼굴을 갖고 있고 그 얼굴에 어울리는 빛깔과 향기를 갖고 있다. 그리고 그런 빛깔과 향기를 느끼게 하는 그의 삶이 있고 사회적인 이름이 있다. 우리는 그런 이름에 걸맞은 사람으로 살아가고 있는지 자신에게 물어보아야 한다.

"당신은 정말 선생님이십니까?"

"너는 이 나라, 이 시대에 부끄럽지 않은 대학생이니?"

"당신 정말 이 아이들의 엄마 맞아요?"

"너 진짜 네 동생의 언니라고 할 수 있니?"

이런 질문을 우리 스스로에게 던져 보아야 한다.

생긴 것은 분명 밤나무처럼 생겼는데 쓰고 아려서 도저히 씹을 수 없는 너도밤나무처럼, 우리도 생긴 모습과는 달리 도저히 남들로부터 그런 이름에 걸맞은 사람으로 인정받을 수 없는 삶을 살고 있지는 않은지 자신에게 물어보아야 한다.

LETTER. 46

항아리 속 된장처럼

세월 뜸들여 깊은 맛 우려내려면

우선은 항아리 속으로 들어가자는 거야

햇장이니 갑갑증이 일겠지 펄펄 끓는 성질에

독이라도 깨고 싶겠지

그럴수록 된장으로 들어앉아서 진득허니

기다리자는 거야 원치 않는 불순물도

뛰어들겠지 고것까지 내 살로

품어보자는 거야

 이 시는 이재무 시인의 시집 『몸에 피는 꽃』에 실려 있는 「항아리 속 된장처럼」이라는 시의 한 부분이다.

나는 우리의 문화라는 것이 무엇인가 생각할 때면 된장을 떠올린다. 오랜 삶 속에서 체득하고 전수되어 내려오는 된장 맛 같은 것. 그래서 몸에 배고 입에 배어 뗄 수 없는 맛처럼 되어 버린 것. 그런 것이 문화라고 생각한다.

자연스럽게 우리 삶의 한 부분이 되어 전해 내려오는 것. 그것이 의식주와 관련된 것이든 춤이나 노래의 한 소절이든 대보름날이면 풍물을 치며 마을을 돌던 일이든 다 마찬가지라고 생각한다. 메주를 쑤어 그것으로 된장을 담가 매일매일의 양식이 되는 국맛이나 장맛을 만들어 냈던 그런 손끝에서 삶의 문화는 창조되고 전수되어 왔으리라.

이재무 시인은 여기서 더 나아가 그런 맛이 우러나는 세월에 대해 생각한다. 그리고 갑갑증과 답답함을 참아 가며 기다릴 줄 알 때 비로소 오래오래 가는 양식으로 거듭날 수 있는 삶의 지혜에 대해 생각한다. 그것을 시인은 삶의 진득한 기다림이라고 한다. 심지어는 삶에 끼어드는 불순물까지도 내 살로 품을 줄 아는 너그러움이 있어야 한다고 한다.

푹푹 썩어서 비로소 새롭고 오래가는 맛으로 다시 태어나는 이 삶의 철학. 된장맛 하나도 이러한데, 우리는 어떤 것을 이루고자 할 때 노력하고 몸 던진 것의 결과가 금방 눈앞에 나타나기를 너무 성급하게 기다리거나 초조해하는 것은 아닌지 모르겠다.

정말 많고 많은 삶의 역정을 거치고 거기 그 삶의 쓰고 맵던 날들 속에서 우러난 깊이 있는 글을 만나기 이전에 우선 작가나 시인이라는 이름부터 얻으려고 초조해하거나 남에게 자신의 성과를 드러내 보이고 인정받고 싶어 조급해하는 사람들도 있는 걸 본다.

기성작가들에게서, 아니 나 자신에게서도 그런 유혹을 뛰어넘지 못할 때가 있는 것을 발견한다. 아직 설익은 콩처럼 비린내가 풍기는데도 부끄러운 줄 모르고 남 앞에 내놓았다가 뒤늦게 깨닫고는 낯 뜨거워할 때도 있다.

진득한 기다림.

늘 처음부터 다시 시작하고 새롭게 출발하는 겸손한 자세를 잃고 대충 넘어가려다 민망함을 당하고 나면 한동안 글 쓰는 일이 보통 부담스러운 게 아니다. 그것이 슬럼프로 이어지는 경우도 있다.

발효가 제대로 되지 않아 먹기 거북한 음식처럼 읽기 부담스러운 시, 너무 성급하게 익혀 내어 얼핏 보아도 덜 된 음식이라는 것이 눈에 보이는 듯한 글, 쫓기듯 만든 음식처럼 성의조차 없는 글……

요즈음 나는 세월의 뜸이 덜 든 그런 글을 쓰고 있는 것은 아닌가 하는 생각에 두려워진다. 삶의 갈피를 잡지 못해 공연히 불안해하며 글의 깊이를 잃어 가는 나 자신이 된장 항아리를 뛰쳐나온 몇 개의 초조한 콩은 아닌가 되돌아보게 된다.

LETTER. 47

악인은 그리기 쉬운데
선인은 그리기 어렵다

『태백산맥』의 저자 조정래 선생이 어느 문예지의 대담에서 한 말이 오랫동안 머릿속을 떠나지 않는다.

"나는 그래, 부정적 인물이나 악인을 그릴 때가 훨씬 쉽고 시간도 안 걸려. 왜냐하면 그들은 인간의 적나라한 모습을 가지고 있거든. 그 대신에 긍정적 인물은 그 긍정성이란 게 정신적인 면이나 보통 인간으로는 넘볼 수 없는 어떤 극기 같은 것을 포함하고 있기 때문에 추상적이 되기 쉬워요. ……염상구가 나쁜 짓만 하는 건 아니거든. 약한 사람 도와줄 때도 있고 저 스스로 약한 모습을 보일 때도 있거든. 그래서 그 인물이 살아나는데, 그런데 긍정적 인물이나 영웅적 인물은 자꾸 추상적이 되고는 해. 이걸 극복

해 보려고 무진 몸부림을 쳐요. 그들의 회의, 부정적인 면모, 이런 걸 담아 보려고 하는데도 잘못하면 전형성이 아니라 이중인격자가 되어 버리니 참 어렵지……"

소설 속에서 악한 인물을 그리는 것은 훨씬 쉽고 시간도 안 걸리는데 선한 사람을 그릴라치면 그 인물의 긍정적 면모라는 것 때문에 조심하다 보니 리얼리티가 떨어지고, 리얼리티를 추구하자니 성격이 뒤죽박죽이 되더라고 덧붙이고 있는 이 말은 생각해 볼수록 재미있다.

소설이라는 게 결국 인간의 삶을 그리는 것이요 인간이 살아가는 이야기인데 악인에 대한 이야기나 체험 같은 것은 얼마든지 주위에서 쉽게 접할 수 있는 반면 선인에 대한 체험이나 발견은 그만큼 어렵다는 이야기이기도 하며, 인간이 선한 속성보다는 악마와 같은 속성을 더 많이 갖고 있기 때문에 자연히 악한 인물은 그리기 쉬워도 선한 인물은 그리기 어렵다는 의미가 아닐까 하는 생각도 든다.

우리가 선하게 살아야 할 삶의 전형으로 내세우는 인물들은 당연히 인간이 추구해야 할 삶의 지향성을 보여 주는 것인데도 그런 인물을 그릴 때 추상으로 떨어지고 만다는 것은 현실에서는 그런 인물들을 만나기 어렵다는 말이기도 하다.

그리고 우리가 지향하는 삶의 전형 자체가 추상적인 속성을 갖고 있다는 것이기도 하다. 물론 작가의 이야기는 소설 쓸 때의 경우를 말하는 것이지만 말이다.

> "사회주의는 말이지…… 역시 그 인간의 악마성에 대한 인식이 부족했던 게 아닐까? 그 왜 있잖아. 인간이라는 건 교활하고 악랄하고 비루한 구석도 많고 그게 인간인데, 사회주의가 그걸……"

이렇게 이어 가는 작가의 솔직한 이 말은 인간 본연의 속성과 우리 인간이 만들어 가야 할 사회의 모델과 관련하여 어디까지 인정하고 또 어디까지 제도를 통해 바로잡아야 하는지 많은 생각을 하게 한다. 자본주의 사회에 태어나 살아가는 우리 인간 그 자체에 대한 솔직한 긍정과 부정, 그리고 사회의 역할과 할 일들에 대해서 말이다.

LETTER. 48

뒷모습

 사랑하는 사람과 아쉽게 헤어지는 순간, 오던 길을 돌아서서 한 발짝씩 걸어 내려가는 뒷모습은 무한한 연민을 느끼게 한다.

 어깨 위에 내리는 달빛, 긴 골목길, 한 번쯤은 다시 뒤돌아볼 것 같은 설렘, 가슴을 밟고 내려가는 듯한 발걸음 소리, 그리고 고개 숙인 그의 뒷모습을 보며 다시 와락 달려가고픈 충동은 사랑하는 사람들의 미세하고 오묘한 심성을 한꺼번에 끌어모으는 힘이 있다.

 세상의 큰일을 정리하고 난 뒤, 고향집 뜨락에서 어릴 적 심었던 꽃과 나무를 돌보고 있는 이의 뒷모습은 생의 무게를 느끼게 한다. 그가 이룩했던 큰 업적, 그의 이름과 그가 거쳐 왔던 많은 자리를 정리하고 조용히 한 개인으로 돌아와 있는 모습에는 뭔가

고개를 끄덕이게 하는 인간에 대한 숭고한 긍정이 있다.

산마루를 넘어가는 스님의 뒷모습은 삶의 저 깊고 깊은 구극(究極)을 생각하게 한다. 생의 영화와 부귀, 온갖 욕심을 끊어 버린 자의 용기와 차마 그렇게는 하지 못하고 삶의 갖가지 끈에 얽매여 허우적대는 우리의 모습을 비교하면서 바라보는 스님의 뒷모습은 눈물겨운 데가 있다. 그런 스님의 뒷모습 위로 구름과 수없이 나부끼는 나뭇잎이 펼쳐져 있을 때, '산다는 것은 무엇인가' '나는 누구인가' 하는 질문으로 돌아가곤 한다.

그런가 하면 사회의 저명한 위치에 있다가 어느 날 고름이 터지듯 쏟아지는 비리와 부정의 역한 냄새를 끌어안고 도망치듯 자리를 뜨는 이의 뒷모습은 한없는 비애를 느끼게 한다. 조금 전까지도 허세를 부리다 강아지처럼 꼬리를 내리고 걸어가는 축 처진 어깨와 산만한 발걸음은 보는 이로 하여금 허탈감에 빠지게 한다.

사람들은 자신의 앞모습만을 주로 본다. 하루에도 몇 번씩 거울 앞에 서지만 그때마다 보는 것은 거의 앞모습이다. 그러나 사람들 사이에 서면 다른 사람들은 그 사람의 앞모습과 뒷모습을 동시에 다 본다. 아니, 뒷모습을 더 많이 보는지도 모른다. 자기 몸이면서도 자신만 모르고 있는 것이 뒷모습이다.

사람들의 뒷모습에는 자기 자신은 모르고 그 뒤에 서서 바라보는 이들로 하여금 무한한 아름다움을 느끼게 하는 모습이 있다. 마찬가지로 사람들의 뒷모습에는 자기 자신만 모르고 보는 이들로 하여금 씁쓸한 느낌에 고개 돌리게 하는 모습이 있다.

LETTER. 49

내리고 싶다
이 세월의 열차에서

지는 저녁 해가 잘 깎아 놓은 감 한 개를 올려놓은 것 같다. 그 뒤로 줄줄이 늘어놓은 감 껍질 같은 노을이 펼쳐져 있다. 그렇게 또 하루가 저무는 늦가을 저녁, 못 다한 일들이 많은데 또 그렇게 속절없이 흘러가는 세월의 뒷모습을 바라보다 문득 이 세월의 열차에서 내리고 싶은 날이 있다.

온몸이 고동색으로 변한 플라타너스 잎 하나가 소리도 없이 길 위에 떨어진다. 처음에 하늘을 향해 잎을 내밀 때는 하늘빛을 닮으려고 애쓰는 듯 연녹색이던 잎들이 이 가을 돌아가야 할 때가 가까워지면서 점점 흙의 빛깔로 변해 간다.

하늘을 향해 환호하던 푸른 육신의 전부가 흙에서 시작됐음을 알고 있는 것일까. 초록빛을 조금씩 황토빛으로 바꾸어 가다 제 몸이 완전히 흙빛으로 변한 것을 알면 미련 없이 땅으로 내린다.

흙의 빛으로 몸을 바꾼 순서대로 땅에 내리는 가로수 잎들.

그렇게 돌아갈 순서를 기다리며 조용히 세월을 짚어 나가는 나무들을 보다가 시내버스에서 내려 가로수에 등을 기댄 채 나무들 사이에 나도 그렇게 말없이 서 있고 싶은 날이 있다.

돌아보면 잘못 살았다 싶은 날들. 나만을, 내가 하는 일만을 이 세상에서 가장 중요하게 생각하고 다른 것은 돌아보려고도 하지 않은 날이 대부분이었다. 이렇게 바쁘게 사는 나를 가장 가까운 사람들이 제일 많이 이해해 주려니 생각하며 그들을 가장 소홀하게 대해 왔다. 내 하는 일과 관련하여 만나는 사람들에게는 친절한 태도를 보이면서도 가까운 사람들에게는 그러하지 못했다. 피곤하다는 말이 먼저 나왔고, 내가 얼마나 지쳐 있는가를 먼저 설명하려 하였다.

살면서 참으로 많은 도움을 받았던 사람들에게도 내가 얼마나 바쁜가를 먼저 이해시키려 하였다. 그들에게 몇 줄의 짧은 편지를 쓰는 일도 미루다 미루다 결국은 해를 넘기고 말았고, 그들보다는 지금 당장 필요한 사람들에게 전화를 걸었다. 필요에 따라 사람들을 만나고, 그 필요가 끝나면 그들을 금방 잊어버리는 삶을 살아왔다.

이 가을이 다 가기 전에, 외투 속에 몸을 더 깊이 감춰야 하는 계절이 오기 전에 쉼 없이 달려가는 세월의 열차에서 잠시 내려 길가에 낙엽을 깔고 앉아 미루어 두었던 편지를 쓰고 싶은 날이 있다. '보고 싶은······'으로 시작하는 엽서라도 한 장 써야겠다는 생각이 드는 날이 있다.

도시의 3분의 2가 떠나 버린 탄광 마을로 들어가 아직 떠나지 못하고 있는 이들을 위해 무엇이든 해야겠다고 탄가루 묻은 바람 사이를 헤집고 다니는 사람 몇을 만나고 오던 날, 이 땅의 가장 높은 지대를 지나는 열차를 타고 올 때 산비탈로 내려다보이던 회색 지붕들, 사람 없는 빈집의 지붕들을 내려다보며 도망치듯 편한 곳을 찾아가는 건 아닌가 하는 생각에 뒤통수가 뜨거워지던 날이 있었다. 열차는 지는 나뭇잎 사이를 지나 앞으로 앞으로 달려가는데, 나도 여기 내려 그들과 함께 있어야 하는 건 아닐까 하는 생각을 하면서도 언제나 그랬던 것처럼 나는 그 자리를 떠나 돌아오고 말았다. 내 삶도 그렇게 늘 마음뿐, 몸을 던져 아픔을 나누는 일에는 적극적이지 못한 채 나이가 들고 말았다.

운주사 계곡의 어느 돌부처는 개울 위에 가로누워 있었다 한다. 남들이 그 앞에 와 무릎 꿇고 경배만 하는 게 아니라 제 몸을 돌다리 삼아 사람들을 건네주었다 한다. 비록 돌부처지만 몸을 다 던져 보시하는 삶, 그게 진짜 부처의 삶 아닌가.

나는 누가 허약한 내 몸을 남을 위해 내놓으라고 할까 봐 소심하게 마음 졸이며 살아온 날들이 많았다. 겨우 체면치레 정도로 대신하곤 자리를 피한 적이 많았다. 계곡을 돌아나오며 돌부처 하나에게도 부끄러운 날, 차에서 내려 백여덟 번 절하고 싶다. 이미 세속에 사는 몸인지라 내 몸에 돌이끼가 끼도록 아주 오랜 날 세월의 눈비를 맞으며 돌부처처럼 지낼 수는 없겠지만 세상에 살면서 몸에 밴 욕심의 덩어리들을 비에 씻고 바람에 털어 내며 천 배쯤 절하고 싶다.

살다 보면 참 맑은 눈과 아름다운 마음씨를 가진 사람과 만나는 때가 있다. 그와 도란도란 이야기하며 아침 햇살에 빛나는 느티나무 사이를 걸어 보았으면 하는 생각이 들다가, 몇 해쯤 그 나무 아래에서 같이 살아 보았으면 싶기도 하다가, 열차를 타고 오는 길, 현실로 돌아오는 차 안에서 그만 내리고 싶을 때가 있다. 헤어지는 악수를 하며 잡았던 손의 그 짧은 온기가 내내 손바닥을 맴돌고 있을 때 이 차가 가다가 멈추어 버렸으면 싶을 때가 있다.

많은 돌 중에서 눈에 띈 한 개를 주워 손에 들고 있다가 건네주었던 조약돌. 물가를 돌아 나오며 거기 그 자리에 내려놓고 우리들의 짧았던 이야기도 내려놓고 돌아올 수밖에 없던 길. 인생에는 그럴 수밖에 없는 길이 있다는 걸 우리는 안다. 그도 나도 이미 남의 사람, 일찍이 어긋난 운명을 되돌릴 힘은 우리에게 없고 떨어져 바람에 날리는 나뭇잎만 바라보며 돌아오는 길, 나뭇잎보다 더 먼 곳으로 날아가 버리고 싶은 밤이 있다.

이렇게 살아야 하는 걸까. 이렇게 살아도 되는 걸까. 산다는 것은 무엇일까. 사람으로 산다는 것은 정말 무엇일까. 멈출 줄 모르는 세월의 열차에서 내려 오늘은 그 생각만으로 저녁 하늘과 함께 저물고 싶다.

뉘우쳐야겠다. 오늘 하루만은. 나보다 먼저 내린 가을 잎 사이에 누워.

LETTER. 50

어리석은 자야, 네 영혼이 오늘 밤 네게서 떠나가리라

가을바람에 대추알이 불그스레 익는다. 깨밭 가에 서면 옅은 깨꽃 속에서 깨의 작은 낟알들이 익는 냄새가 향기롭다. 아주 보잘것없어 보이는 들풀들도 잘디잔 씨앗과 열매를 속으로 키우며 대견스러워하고 있다. 들길에 나서 보면 가을바람이 얼마나 많은 것을 저마다 속으로 영글어 가게 하는지 신비하기만 하다.

살면서 그동안 내가 씨 뿌린 것들의 성숙과 결실은 얼마만큼이나 되는지 헤아려 보곤 하는 계절이 가을이다. "눈물로 씨 뿌린 것들을 기쁨으로 거두리라" 이렇게 말했던 바로 그런 기쁨을 느끼는 사람도 있을 테고, 아직도 거두어야 할 것이 마음에 차지 않아 불만족스러운 사람도 있을 것이다.

크게 이룩했던 것들이 한순간에 물거품이 되어 버려 쓰라림과 허탈감에 빠져 있는 사람도 있을 수 있고, 나날이 쌓여 가는 것이 많아 한순간 한순간이 기쁨이고 보람인 사람도 있을 수 있다.

그러나 이 가을 가슴을 파고드는 가을바람 앞에서 마음을 다 비워 놓고 가만히 생각해 보았으면 싶은 게 있다. 많은 것을 쌓아 두기 위해서 땀 흘리며 달려오는 동안 우리 마음에 똑같은 크기로 쌓인 것이 있을 것이다. 욕심일 수도 있고 탐심일 수도 있고 이욕일 수도 있다.

때로는 단거리 경주 같기도 하고 때로는 장거리 레이스 같기도 한 우리 삶의 먼지 낀 길에서 낙오하지 않기 위해 있는 힘을 다해 뛰어오는 동안 어쩔 수 없이 정당하지 않은 길도 달려야 하고 어느 정도는 반칙도 감수해야 하는 게 우리 인생길이기도 하다.

문제는 우리 인생길이 어차피 그렇게 어렵고 냉혹한 길임을 다시 확인하는 데 있지 않고, 그런 인생길을 가는 동안 어쩔 수 없이 뒤집어써야 하는 흙먼지나 발에 달라붙는 진흙덩이를 가끔씩은 털고 떼어 내고 가는 시간도 있어야 한다는 것이다.

우리가 이만한 결실이나마 품게 되는 동안 얼마나 많은 번뇌와 갈등이 있었던가. 우리 마음이 얼마나 자유롭지 못하고 불편했으며, 또 본의 아니게 타인에게 넘겨준 불편과 고통은 어느 정도였을까.

번민의 끄트머리에 달라붙던 티끌과 뻘흙 같은 것이 오랫동안 떠나지 않아 괴로워하던 날도 많았을 것이다. 그 번민의 속언저리에는 언제나 탐내는 마음과 성내는 마음과 오만한 마음—불경에서 이야기하는 탐貪, 진瞋, 치癡의 어리석은 마음—이 나를 흔들고 있었기 때문인지도 모른다.

조용히 불어오는 가을바람 앞에 서면 가을바람은 그런 것들을 가만히 씻어 주는 힘을 갖고 있다. 그 가을바람 앞에 서서 지는 해를 바라보다 이윽고 풀벌레 소리가 귀에 들려오는 순간, 내 마음에 붙었던 티끌들이 소리 없이 떨어져 나가는 것도 느낄 수 있을지 모른다.

오로지 쌓아 두는 일만을 위해 살아온 부자가 창고를 더 크게 늘려 지으려고 하는 모습을 내려다보던 하느님이 오늘이 바로 그 부자를 데려가기로 한 날임을 생각하면서 "어리석은 자야, 네 영혼이 오늘 밤 네게서 떠나가리라" 이렇게 말했던 성경 구절은 세상에서 우리가 쌓아야 할 것과 그만큼의 크기로 잘 갈무리하지 않으면 안 되는 우리의 마음을 경계하는 말이다.

쌓아 두는 일에만 매이지 말고 때로는 비워야 할 것, 버려야 할 것에 대해서도 생각하지 않으면 안 되는 까닭도 그 때문이다.

LETTER. 51

지식과 덕

  그동안 사 놓고 보지 않은 책을 쌓아 놓고 읽어야지 읽어야지 다짐을 하고도 펼치지 못한 책이 너무 많다. 방 안 여기저기 무질서하게 방치되어 있는 책들을 정리하면서 올해는 우선 이 책들부터 읽겠다고 다짐한다.

  어찌어찌하다 보니 공부를 게을리한 지 여덟 해가 넘었다. 특히 최근 3, 4년간이 더욱 심했다. 내 일신의 평안과 출세만을 위해 공부하지 않겠다고 생각한 것이 그만 세상일에 너무 깊이 발을 들여놓게 되고, 그러다 보니 어쩔 수 없이 공부를 중단하게 되었다. 머릿속으로는 많이 아는 것보다 적게 알더라도 아는 것을 실천하는 일이 더 중요하다고 생각했으나, 그것도 어느 정도 공부를 하면서 실천을 뒷받침할 최소한의 것들은 갖추어야 하는데 그만 그렇지 못한 삶을 살아왔다.

 선생 노릇 이렇게 해서는 안 된다는 소박한 생각에서 발을 들여놓은 작은 실천의 길이 예기치 못한 감옥살이에 거리로 쫓겨나는 일까지 겹쳐, 그 부당함을 지적하고 우리의 요구가 받아들여지지 않는 것에 목소리를 내게 된 것이 어느새 여덟 해를 넘기게 되었다.

 그런저런 생각에 책을 꺼내 들었다가 내가 채우고자 갈망하는 지식이라는 것이 혹시 또 다른 욕심은 아닌가 하고 한참을 생각에 잠긴다.

 공자의 제자 안회가 폭군의 나라로 가서 온갖 병폐를 고쳐 보겠다고 했을 때 안회의 심중을 알아보기 위해 던지는 공자의 말 중에 다음과 같은 것이 있다.

 "덕이 어떻게 녹아 없어지고 앎이라는 것이 어디서 생겨나는지 아느냐. 덕은 명예욕 때문에 녹아 없어지고 앎이란 경쟁심에서 생긴다. 명예란 서로 헐뜯는 것이고 앎이란 서로 다투기 위한 도구인 게다."

 서로 다투기 위한 도구나 방편으로 더 많은 지식을 얻고자 하는 것을 경계하고 더 높은 명예를 위해 자기보다 나은 사람을 헐뜯는다면 이는 흉기와 같다고 지적하는 공자의 말씀이다. 그러는 사이에 지식을 얻게 될지는 몰라도 덕을 잃게 된다는 것이다.

공자는 지식이 있어야 사물을 알 수 있다고 말한 적이 있다. 지식이 있어야 세상 만물과 만물의 이치를 바로 알게 된다는 것이다. 그러나 아는 것보다 더 중요한 것은 깨닫는 것이다. 많이 알기는 하지만 바르게 깨우치지 못하는 것은 수만 권의 책을 짊어지고 절을 찾아다니는 것과 같다. 책이나 절보다 더 중요한 것은 떡을 사 먹다가도 어느 마음에 점을 찍어야 할 것인가를 바르게 깨닫는 일이다.

40대 중반이 되어 다시 공부 좀 해야겠다는 생각을 하면서 나 역시 나 자신에게 이런저런 경계를 먼저 한다. 명예와 욕심을 채우기 위해 공부하려는 것이 아니기를, 지식에 빠져 덕을 잃는 일이 없기를, 그리고 무엇보다도 깨닫는 공부가 되기를 바란다.

방 안에 무질서하게 쌓여 있는 책들을 마음에다 옮겨 쌓아 놓는 공부가 된다면 방보다 마음이 더욱 어지럽고 혼란스럽기만 할 것이기 때문이다.

LETTER. 52

가장 높이 나는 새가
가장 멀리 본다

 가장 높이 나는 새가 가장 멀리 본다? 당신도 그렇게 생각할 것이다. 나도 20년간 한 번도 의심해 보지 않았다. 갈매기, 하늘, 비상의 꿈, 상승을 향한 욕구…….

 지금 내가 처해 있는 삶에서 벗어나고자 몸부림치던 날들, 사람답게 살 수 있는 길을 찾아 고뇌하고 또 고뇌하던 불면의 밤들, 넘어지고 고꾸라지며 걸어온 어둡고 쓰라린 길들…….

 생선 조각이나 빵 부스러기를 차지하려고 물로 뛰어들거나 소리를 지르며 싸우는 일 말고, 바닷가에서 날아올라 먹이를 구해 가지고 되돌아오는 일 이상의 것을 찾아 떠난 한 마리 외로운 갈매기처럼 우리도 넓고 푸른 하늘을 향해 몸을 던졌다.

 갈매기 조나단에게 나는 법을 배워야겠다는 것은 무엇이었을까. 다른 갈매기들과 친하게 지낼 수 없다는 것을 알면서, 하루에도 수백 번씩 나는 연습을 하는 동안 점점 외로워진다는 것을 알면서, 새로운 시도와 실패와 싸늘한 어둠 속에 흩어진 깃털과 찢어진 날갯죽지의 고통을 안고 결국은 집단으로부터 추방을 당하면서, 그래도 배워야겠다는 나는 법이란 무엇이었을까.

혼자 느껴워하던 작은 기쁨의 대가로 겪어야 했던 추방, 분별없는 무책임과 갈매기 족속의 위엄과 전통을 거역한 데 대해 받았던 질타와 비난. 그때 대부분의 갈매기들은 자기들과 같은 길을 가지 않는 이 한 마리 갈매기를 보고 떼를 지어 모여들어 성토하였다.

생선 한 마리를 구할 수 있는 만큼만 부지런히 날지 않는 일에 대해, 그가 자꾸 날아오르는 하늘에 대해, 그들은 모든 갈매기들이 모인 자리에서 징벌을 가하였다.

결국 조나단은 그 엄숙한 비판을 받고 멀리 떨어진 낭떠러지에서 혼자 살도록 추방당했다. 이 견딜 수 없는 추방, 견딜 수 없는 소외를 경험하면서도 그가 버리지 못한 '나는 일'은 그의 삶에 어떤 의미를 갖는 것일까. 한 마리 갈매기처럼 높이 날고 멀리 보기 위해 많고 많은 날을 고통스럽게 지내 온 당신의 삶에서 난다는 일은 무엇이었을까.

그것은 삶의 새로운 길? 남과 다르게 살고 싶은 욕구? 그런 것이었을까? 그럴 수도 있을 것이다. 먹고사는 일이 전부가 아닌 삶의 진정한 길, 자신의 참된 실존을 찾아가기 위한 노력의 길, 삶의 진정한 자유에 이르기 위한 구도의 길, 그런 것일 수도 있을 것이다.

그 길을 찾아가는 방편으로 새가 나는 법을 배우고자 했던 것처럼 어떤 이는 문학의 길을 통해서 그 길을 찾고자 했을 것이다. 어떤 이는 머리를 깎고 팔뚝에 연비를 하며 살을 태웠을 것이고, 어떤 이는 십자가 앞에 무릎 꿇고 서원하였을 것이다. 어떤 이는 낯선 이국으로 새로운 스승을 찾아 떠나기도 했을 것이고, 어떤 이는 토굴에서 몇 년씩 장좌불와하였을 것이다. 아직도 다 읽지 못한 책들에 싸여 밤을 새우는 젊은이들도 있을 것이다.

새로운 길을 찾아가는 동안 겪어야 하는 자기 자신과의 지난한 싸움, 의로운 싸움. 때로는 어두운 숲을 헤매는 상처받은 짐승처럼 울부짖으며 떠돌기도 하고, 폭풍에 갇힌 한 척의 배처럼 처절하게 견딘 고통의 밤도 있었다. 걸음을 멈추어 버리고 싶은 때도 많았고 주저앉아 후회하던 날도 있었다.

함께 그 길에 나섰다가 오던 길로 되돌아가거나 중간에 발길을 멈추어 버린 벗들도 많이 보았을 것이다. 저녁노을이 지고 어둠

이 찾아오거나 비바람 치고 진눈깨비 쏟아지는 날이면 살갗을 저며 오는 그 시절의 고통스럽던 기억을 아직도 간직하고 있는 이들이 있을 것이다.

 자기 자신과의 싸움만큼 또 그들을 힘들게 한 것이 세상의 냉소와 몰이해였다. 새로운 깨달음과 자각은 언제나 기존의 관념과 충돌을 일으킨다. 새로운 시도가 많은 이들의 호응을 얻고 뿌리를 내리기까지 그는 그가 제시한 만큼 고통받는다. 그가 먼저 내다본 시기만큼 고난받는다.

 단 몇 년을 앞서 가도 손가락질 받는 세상에서, 5년을 앞서 가면 5년만큼 고통받고 20년을 앞서 가면 20년만큼 고통받는다. 목숨을 던질 만큼의 크기로 도전해 오면 목숨이 오락가락하고, 얼굴이 붉어질 만큼 도전하면 그만큼의 크기로 매를 맞는다.

 새로운 사회를 만들어 가던 격변기에, 새로운 종교가 뿌리내리던 시기에, 정치의 부패와 경제의 착취에 항거하며 혁명이나 변혁을 부르짖던 시기에, 낡은 도덕이 무너지고 새로운 윤리와 규범이 자리 잡아 가던 시기에 얼마나 많은 사람들이 추방당하고 죽이 가야 했던가.

 그러나 갈릴레이가 고개를 갸우뚱거리며 말했던 것처럼 그래도 지구는 돌고 역사는 끊임없이 진보를 향해 변화해 왔다.

조나단의 말처럼 배우고 알아내고 자유로워지기 위해서 끊임없이 도전하고 외롭게 싸워 왔다. 그리고 조금씩 더 멀리 조금씩 더 새롭게 볼 줄 알게 되었다.

LETTER. 53

가장 낮게 나는 새가
가장 자세히 본다

그렇게 어렵고 고독한 길을 걸어 높이 날 줄 알고 멀리 볼 줄 아는 깨달음을 얻은 새들은 결국 어디에서 살아야 할까. 한동안은 조나단이 그랬던 것처럼 추방당한 새들끼리 살 것이다.

서로를 이해해 주는 동료들을 만나 서로 위로하며 자신들이 옳았음을 확인하며 살아갈 것이다. 더 높이 나는 법에 대해 이야기하며 더 높이 날기 위해 노력하며 그들끼리 모여 살아갈 것이다. 후회하지 않으며 고통의 대가로 얻은 자유와 행복에 기뻐하며 살아갈 것이다. 많은 새들이 구름 아래의 하늘에서 살지만 구름을 뚫고 나가면 더 넓고 큰 하늘이 있다는 것을 확인하며 살아갈 것이다.

"……삶에는 먹거나 싸우거나 무리에서 권력을 얻는 것보다 더 많은 의미가 있다는 첫 번째의 깨달음을 얻기까지 얼마나 많은 삶을 살아야 하는지 알기나 하니? 천 번의 삶이야, 조나단. 천 번의 삶! 다음엔 완전함이라는 게 있다는 것을 배우기 시작할 때까지 백 번의 삶을 더 살아야 하고, 그다음에는 우리가 살아가는 목적이 그 완전함을 찾아내어 증명해 보이는 것이라는 생각을 갖게 될 때까지 또 백 번을 살아야 해."

그들만의 새로운 세계에서 만난 설리번의 말처럼 삶의 더 큰 의미를 깨닫고 완전한 깨달음의 상태에 이르도록 노력하며, 그리고 그 깨달음이 몸으로 증명될 수 있도록 한 다음에 해야 할 일은 무엇일까.

우리가 살고 있는 이 시대에도 그런 깨달음의 경지에 이른 종교인, 지식인, 철학자, 예술인이 있는 것을 우리는 안다. 우리 곁에 계시다 몇 해 전 입적하신 큰스님의 모습에서도 우리는 그런 깨달은 이의 얼굴을 보았다.

그러나 돌아와야 한다. 자기를 쫓아낸 갈매기들을 탓하지 않고 그들 곁으로 돌아온 조나단처럼. 언젠가는 그들이 스스로 잘못을 깨닫고 마음 아파할 날이 올 것이므로 다시 용서하고 사랑할 수 있어야 한다.

깨달음이 깨달은 이에게 머물고 말거나 깨달은 이의 정신적인 기쁨으로 끝나고 만다면, 그렇게 오랜 고통의 과정을 겪어야 했던 진정한 의미가 없어진다. 자기 자신의 상승 욕구, 비상 욕구에 의해서만 그 길을 갔던 것이라면 그것은 이기적인 탐욕의 길일 뿐이다. 높이 날고자 했던 욕구가 개인의 입신출세로 그치고 만다면 그는 진정으로 멀리 보기 위해 높이 날고자 했던 사람이 못 된다.

우리 주위에는 남보다 더 높이 날 수 있고 남보다 더 뛰어난 능력을 가졌으면서도 교만에 빠져 있거나 남을 위해 자신의 능력을 사용할 줄 모른 채 그것을 개인의 부와 명예를 쌓는 도구로만 쓰는 사람들이 있다.

돌아와야 한다. 돌아와 아주 작은 능력이라도 여럿을 위해 쓸 수 있어야 한다. 그리고 높이 나는 만큼 이제는 낮게 날 줄도 알아야 한다. 낮게 날아야 삶의 현장 구석구석을 자세히 볼 줄 알게 되는 것이다. 낮게 난다는 것은 자세히 보는 것이면서 겸손하게 본다는 것이다.

높게 볼 줄 아는 능력이 진정으로 겸손한 자세를 만나 이웃에게 가까이 다가갈 때 그의 능력이 빛나는 것이다. 설령 돌아온 그들을 역시 악마 취급한다 해도 돌아와야 한다. 그들을 떠나게 했고 고통스럽게 했던 그 고통의 한복판으로. 그곳이 고통이기 때문에 돌아와야 한다.

　성철 큰스님도 더 중생 가까이 돌아왔어야 했다. 원효대사처럼 깨달음이 간단한 몇 개의 민중언어가 되어 돌아와야 한다. 김순남의 음악처럼, 파블로 네루다의 시처럼, 전 생애를 거쳐 늘 돌아오고 있는 고은의 문학처럼, 총구가 자기를 기다리고 있어도 돌아온 로메로 신부처럼 돌아와야 한다.

LETTER. 54

가장 고요히 나는 새가
가장 깊게 본다

돌아온 그들은 높이 날아 멀리 볼 줄 알면서 낮게 날아 삶의 미세한 부분도 따뜻하게 볼 줄 아는 이들일 것이다. 높은 곳에만 있으면 삶의 작고 소중한 것들을 자세히 보지 못하고, 낮은 곳에서만 살아온 이들은 크고 넓게 볼 줄 아는 안목을 지니지 못한다. 그러나 높이 날아 멀리 볼 수 있게 된 뒤에 다시 낮은 곳으로 돌아온 이들은 양쪽을 고르게 볼 줄 안다.

그리하여 그들은 어느 한쪽의 시각만으로 쉽게 흥분하거나 경솔하게 보지 않고 깊이 있게 보게 될 것이다. 양쪽 날개가 가장 균형 있게 펼쳐졌을 때 새는 가장 고요히 떠 있을 수 있고, 그때 가장 깊이 있는 눈을 갖게 된다는 것을 알 것이다.

물론 작가 리처드 바크가 조나단이라는 갈매기를 통해 이야기하려는 것은 가장 자유로운 상태, 진정한 자유다.

> 나는 것은 갈매기의 권리이며, 자유는 살아가는 것 그 자체이고, 자유를 가로막는 것이면 의식이든 미신이든 또는 다른 형태의 어떤 제한이든 무시되어야 한다는 것.

그런 상태를 말한다. 다만 정신적인 자유의 경지뿐만 아니라 제도와 관련된 것, 사람이 만들어 낸 것까지도 뛰어넘을 수 있어야 한다는 이야기도 빠뜨리지 않는다.

자아를 실현하고 인간다운 삶을 위해 모든 노력을 다하는 것, 그것은 우리의 권리이며 그런 행위를 통해 가장 자유로운 상태에 이를 수 있기를 우리는 얼마나 오래전부터 바라고 있었는가.

에리히 프롬의 말대로 '……을 향한 자유'의 경지. 그러나 '……으로부터의 자유'에도 늘 얽매여 있는 우리가 누릴 수 있는 자유와 권리에도 구체적으로 눈을 돌리지 않으면 안 된다. 조나단은 몸에도 얽매이지 말고 마음에도 얽매이지 않아야 한다고 했다.

살아가면서 몸은 우리에게 얼마나 많은 것을 요구하는가. 배불리 먹고 싶은 욕구, 편히 쉴 수 있는 시간, 구속받지 않으려는 상태, 아름답게 유지되기를 바라는 갈망 등등 수없이 많은 욕구를 가지고 있다.

 마음은 또 얼마나 많은 것을 요구하고 있는가. 남보다 더 인정받으려는 마음, 사랑의 갈증, 명예에 대한 욕구, 지식에 대한 욕심, 더 많이 갖고 싶고 더 많은 권력을 소유하고 싶은 마음 등등 끝없는 유혹에 이끌리기 쉽게 되어 있다.

 리처드 바크는 그런 몸의 요구와 마음의 요구로부터 진정 자유로운 경지에 이르게 되기를 바라며 조나단에게 높이 나는 법에 대해 이야기하기 시작했을 것이다.

 그러나 그런 경지에 이르려면 높이 날면서 멀리 볼 줄 알아야 하고, 낮고 겸손하게 날면서 삶의 현실을 자세히 볼 줄도 알아야 하며, 고요히 날면서 깊이 있게 볼 줄도 알아야 한다. 그때라야 진정으로 자유로운 경지에 이를 수 있을 것이다.

도종환의 삶 이야기 ─ 버려야 할 것과 버리지 말아야 할 것

1998년 12월 3일 1판 1쇄
2008년 1월 30일 1판 18쇄
2011년 6월 30일 2판 1쇄
2011년 10월 20일 2판 2쇄

지은이 : 도종환

편집 : 김태희, 김태형, 이혜재
디자인 : 권지연
제작 : 박홍기
마케팅 : 이병규, 최영미, 양현범

출력 : 한국커뮤니케이션
인쇄 : POD코리아
제책 : 신안제책사

펴낸이 : 강맑실
펴낸곳 : (주)사계절출판사
등록 : 제 406-2003-034호
주소 : (우) 413-756 경기도 파주시 교하읍 문발리 파주출판도시 513-3
전화 : 031)955-8588, 8558
전송 : 마케팅부 031)955-8595 | 편집부 031)955-8596
홈페이지 : www.sakyejul.co.kr | 전자우편 : skj@sakyejul.co.kr
독자카페 : 사계절 책 향기가 나는 집 http://cafe.naver.com/sakyejul
페이스북 : www.facebook.com/sakyejul | 트위터 : www.twitter.com/sakyejul

ⓒ 도종환 1998, 2011

값은 뒤표지에 적혀 있습니다.
잘못 만든 책은 구입하신 서점에서 바꾸어 드립니다.

사계절출판사는 성장의 의미를 생각합니다.
사계절출판사는 독자 여러분의 의견에 늘 귀기울이고 있습니다.

ISBN 978-89-5828-551-9 03810

이 도서의 국립중앙도서관 출판시도서목록(CIP)은 e-CIP 홈페이지(http://www.nl.go.kr/cip.php)에서 이용하실 수 있습니다.(CIP제어번호: CIP2011002408)